杨式简化28势太极拳

2013年度河北广播电视大学基金项目
课题编号：2013DDSQ02

主　任　李守新
副主任　王志安
　　　　王书增（常务）
　　　　王立涛
主　编　庞大明

河南科学技术出版社
·郑州·

本书编委会名单

主　任　李守新

副主任　王志安　王书增（常务）　王立涛

主　编　庞大明

图书在版编目（CIP）数据

杨式简化28势太极拳 / 庞大明主编. —郑州：河南科学技术出版社，2014.3

ISBN 978-7-5349-6849-5

Ⅰ.①杨…　Ⅱ.①庞…　Ⅲ.①简化太极拳－套路（武术）　Ⅳ.①G852.111.9

中国版本图书馆CIP数据核字(2014)第025011号

杨式简化28势太极拳

出版发行：河南科学技术出版社

地址：郑州市经五路66号　邮编：450002

电话：（0371）65737028　65788633

网址：www.hnstp.cn

策划编辑：韩雅楠

责任编辑：韩雅楠

责任校对：张小玲

封面设计：张　伟

版式设计：溢彩文化

责任印制：张艳芳

印　　刷：河南新华印刷集团有限公司

经　　销：全国新华书店

幅面尺寸：148 mm×210 mm　**印张**：3.25　**字数**：60千字

版　　次：2014年3月第1版　2014年3月第1次印刷

定　　价：15.00元

序言

中央广播电视大学太极文化研修中心研究编写的《杨式简化 28 势太极拳》一书就要印刷发行了。这是该研修中心的一件大事，因为这本拳书的印刷发行是一个重要的标志：标志着研修中心发展到一个新的阶段，标志着太极文化发展的一个新的成果，标志着广大民众有了太极健身的新途径。

标志之一，研修中心发展到一个新的阶段。“太极”一词源出《周易·系辞》，含有至高、至极、绝对、唯一的意思。太极拳，是运用太极文化，综合历代各家拳法，结合古代的导引术和吐纳术，汲取古典哲学和传统的中医理论而形成的一种拳术，讲究内外兼练、柔和、缓慢、轻灵。在一定意义上可以说，太极拳就是太极文化。2006 年，太极拳被列入首批国家非物质文化遗产名录，是中华民族的国粹。为了大力推广、普及太极拳运动，促进全民健身运动，增强人民体质，提高人民生活质量，2006 年，邯郸广播电视大学决定充分利用广播电视大学的两大办学优势和邯郸在全世界独一无二的太极拳优势，打造社区教育的高速公路，大力开展太极文化研修。广播电视大学的优势就是中央广播电视大学、省市广播电视大学、县级广播电视大学自上而下的系统办学优势，也就是依靠现代远程信息技术这一主要教学手段，方便人们随时随地学习的优势。邯郸在全世界独一无二的太极拳优势——邯郸是世界上练拳人数最多的太极拳流派——杨式太极拳的发源地，也是太极拳第二大流派武式太极拳的发源地，名家众多，底蕴深厚。凭借这些优势，邯郸广播电视大学在市委、市政府和中央广播电视大学的支持下，成立了中央广播电视大学太极文化研修中心。先后进行了聘请专家、建立多处辅导站、编印专报、举行研讨会等活动，虽说有声有色，但都是初之又初的活动。这本拳书的印发，可以说是前一段研修活动的一个升华集合，一个系统总结，一个理论提高，说明研修中心发展到新的阶段，总结于前，励新于后，是研修中心的一件大事。

标志之二，太极文化发展的一个新的成果。太极文化自孕育发展壮大以来，名家辈出，卓著如流，引导太极拳浩浩荡荡，奔流于人海之中。但是，如何适应新的时代、新的状况，更具体地说，就是如何适应 21 世纪新的公众生活，新的节奏，新的健身要求，实在是课题重大。太极拳是中华民族辩证的理论思维与武术、艺术、引导术的完美结合。1957 年以来，国家体委武术研究院以杨式风格为主，并吸收陈、吴、武、孙多家太极的特点，先后新编多套国家太极套路，主要有 8 式、16 式、24 式、32 式、42 式、48 式、88 式太极拳。另外，针对不同的门派，又创编了杨式 40 式、陈式 56 式、吴式 45 式、孙式 73 式和武式 46 式太极拳。太极拳往往以中国传统哲学天干地支、五行八卦等理论为依据，编式定法，因此具有了更深的文化内涵。但是却没有依照 28 宿这一星辰图说编订 28 势太极拳，是一个大大的遗憾和不足。太极中心依据 28 宿传统易学道教理论，编订 28 势太极拳，这是道教易学文化与太极文化融合化生传统的一次新的尝试与实践，也是太极文化新的进取。

标志之三，广大民众有了太极健身的新途径。 太极拳中正安舒、轻灵圆活、松柔慢匀、开合有序、刚柔相济。这种运动既自然又高雅，可使习练者亲身体会到音乐的韵律、哲学的内涵、美的造型、诗的意境，是活动锻炼、健身养生、益寿延年的极好方式。但是太极拳之前的各种套路有长有短，28 势介于长短之间，中时适度，易于中庸，方便更多的民众选择，实在是为大家健身开辟了一个新的途径。太极利健身，于此亦名归！

太极文化研修中心常务副主任、太极拳专家庞大明先生练拳研修数十年，编著拳论近十部，授拳足涉河东西，今又主编了《杨式简化 28 势太极拳》，是太极文化研修中心喜事，更是庞先生新果。如有瑕疵，不掩珠光！

最后，谨用两个愿望献给读者朋友：

太极拳能适应不同年龄民众增强体质、完美人生，愿杨式简化 28 势太极拳对大家更为有益。

太极文化为民众文化，愿大家对太极文化研修中心，对杨式简化 28 势太极拳多提批评意见，以激浊扬清，促使太极文化研修中心更为健康发展。

邯郸广播电视大学党委书记、校长　李守新

2013 年 3 月 11 日

前言

太极拳是中华武术百花园的一朵奇葩，是中华武术的代表拳种之一，更是中华民族宝贵的文化遗产。它源远流长，博大精深，演练者遍及全球，为不同年龄、不同职业、不同文化背景的人们所喜爱。而杨式太极拳则在太极拳诸流派中独领风骚，演练者最多。

杨式太极拳为河北邯郸永年人杨禄禅（1799—1872）所创。他三下河南温县陈家沟，师从陈氏太极拳高手陈长兴，尽得真传。他将陈式太极拳创编成更适于人们演练的杨式太极拳，将太极拳推向官府、推向军队、推向社会，是太极拳发展史上承前启后、开一代新风的标志性人物。

杨式太极拳既有精深厚重的拳论，又有丰富的套路。据《杨式太极拳拳谱》所载，杨式太极拳老架共有十五个套路，即四个中架套路、两个提腿架套路、一个大架套路、一个快架套路、一个小架套路、一个四隅捶套路、一个四路炮捶套路、一个十三路炮捶套路、一个撩挎八卦掌套路、一个散手套路、一个一时短打套路。

当今社会上广为传播的是杨式85势太极拳。杨式85势太极拳是杨式太极拳第三代传人杨澄甫晚年根据杨式太极拳中架简化定型的，其拳势舒展大方、松柔美观、运动速度适中，老幼皆宜；杨式85势太极拳有“虚腿拳架”和“实腿拳架”两个套路。

杨式85势太极拳以太极文化中阴阳、五行、八卦、十天干、十二地支、二十四节气85个字而定名，这85个字为：阴、阳，金、木、水、火、土，坎、离、兑、震、巽、乾、坤、艮，甲、乙、丙、丁、戊、己、庚、辛、壬、癸，子、丑、寅、卯、辰、巳、午、未、申、酉、戌、亥，立春、雨水、惊蛰、春分、清明、谷雨、立夏、小满、芒种、夏至、小暑、大暑、立秋、处暑、白露、秋分、寒露、霜降、立冬、小雪、大雪、冬至、小寒、大寒。

这套杨式85势太极拳在演化过程中经历过三个阶段：最初由陈式太极拳演化为杨式太极拳为第一阶段，被称为“太极拳一百单八势”，后来人们把这个套路习惯地称为“杨式108势太极拳”；在杨式太极拳第二代传人杨健侯后期和第三代传人杨澄甫前中期为第二阶段，被称为“杨式81势太极拳”；在第三代传人杨澄甫晚期为第三阶段，定名为“杨式85势太极拳”。杨式108势太极拳中的108是取自36天罡星与72地煞星之和。杨式81势太极拳是由太极拳一手出三手，三手变九手，九九八十一手，内含九九归一，象征太极拳如长江大海滔滔不绝，周而复始，循环不断而定名。同时暗合传统文化“九宫八十一步量天尺”之数。

杨式简化13势太极拳是从杨式85势太极拳套路中精选出来的13势。因在学习太极拳过程中有“十三势行工法”之说，通常人们将太极拳习惯称为“太极十三势”。陈式太极拳将套路名称分作十三段，名曰“太极十三势”；杨式太极拳分为85势，也称八五式太极拳，八代表坎、离、兑、震、巽、乾、坤、艮八卦，五代表金、木、水、火、土五行，八五之和为十三，故也称为“太极十三势”；武式太极拳即用掤、攦、挤、按、采、挒、肘、靠八法，进、退、顾、盼、定五步，八五之和为十三，故也称为“太极十三势”。又因八卦、五行之和为十三，所以在太极拳文化中将13这个数字看成是吉祥如意、顺利发达、亨通万事之数字。故此以“杨式简化13势太极拳”而定名。

杨式简化28势太极拳是在杨式简化13势太极拳的基础上，又从杨式85势太极拳套路中精选出来15势。鉴于杨式太极拳不同时期的名称都是有传统文化特定数字内涵所指，杨式简化28势太极拳亦作效仿，就以28宿星定名。

目前，社会各阶层面临着由竞争激烈而导致的生活节奏快、工作压力大的现状。尤其是脑力劳动者，身体透支严重，多数处于亚健康状态。如何调理身体，改善生活品质，选择合适的运动方式来锻炼身体是一门学问。学习太极拳是一个令人满意的选择。为了适用脑力劳动者的健身要求和方便太极拳初学者的学习，中央广播电视大学太极文化研修中心从杨式太极拳传统套路中精心选择编排了杨式简化13势太极拳和杨式简化28势太极拳。

这两套杨式简化太极拳套路具有以下优点：

1.演练用时少。杨式简化13势太极拳练一遍只需一分半钟，而杨式简化28势太极拳仅用时五六分钟，便于演练者见缝插针。

2.对场地要求低。杨式简化13势太极拳可在两平方米的场地演练，而杨式简化28势太极拳也就需要四平方米的场地。

3.有利于对杨式太极拳的基本动作的掌握。杨式太极拳传统套路中的不重复动作共有三十七个（不包括动作相同，名称不同的动作）。而这两套简化套路就包含了三十一个。

4.有利于循序渐进地学习杨式太极拳传统套路。由杨式简化13势太极拳到杨式简化28势太极拳，再由杨式简化28势太极拳到杨式85势太极拳，是一个由浅入深的过程。

5.符合国家竞赛规则。杨式简化28势太极拳由国家简化24势太极拳而来。在编排杨式简化28势太极拳时，考虑到杨式太极拳传统套路中大部分动作中都为左右势，而“揽雀尾”有“右揽雀尾”而没有“左揽雀尾”，“单鞭”有“左单鞭”而没有“右单鞭”，“下势”有“右下势”而没有“左下势”，在杨式简化28势太极拳编排中增加了“左揽雀尾”、“右单鞭”、“左下势”，这也是对国家简化24势太极拳套路的一种补充和完善。

在当今环境下，太极拳要普及、发展，更好地为人民健身服务，必须与时俱进。太极拳传统套路的简化，是一个发扬推广太极拳传统套路行之有效的好办法。杨式简化13势太极拳和杨式简化28势太极拳经过一年多的试行，受到各个阶层太极拳爱好者的欢迎，为了满足广大太极拳爱好者的要求，我们把这两套杨式简化太极拳套路整理出版。

本书照片由著名摄影大师赵鸿书先生友情拍摄，在此表示感谢！

由于水平有限，在写作中可能存在不足，敬请读者不吝赐教！

编者 庞大明

2013年7月

目录

第一章 杨式太极拳的基本要领

一、手型

杨式太极拳的基本手型分为掌、拳、勾三种。

（一）掌

五指自然伸展，互不靠拢，但也不要太开，以手掌宽为度；大拇指自然松弛，虎口自然圆开，掌心不要太凹或太张，以自然舒适为度。中指领劲，用意不用力。

（二）拳

四指并拢，一起向内卷曲，手指肚贴于掌心；大拇指扣住中指，腕部不可外仰或内勾。拳不宜太紧或太松，应以自然握实为度。

（三）勾

勾手亦称吊手。勾时指尖朝下，轻轻捏合在一起，手心圆空，手向内勾，腕部自然凸起，但不要用力。

二、步型

杨式太极拳的基本步型分为开立步、弓步、虚实步、侧弓步、仆步、独立步六种。

（一）开立步

两脚平行站立，距离与肩同宽，脚尖朝前，两个肩井穴与两个涌泉穴所连成的线与地面垂直；百会穴与会阴穴的连线与地面垂直，两腿微屈，不要用力。

（二）弓步

先坐实一腿，另一腿向前迈出，先以脚跟着地，随着重心向前移使全脚踏实；弓腿之膝不可超过脚尖，蹬腿的脚掌和脚跟要全部着地，腿也不可蹬得太直。凡弓步，都要以弓腿为实，蹬腿为虚。

（三）虚实步

虚实分清，实步为全脚掌着地，全身坐实，承担体重的70%；虚步为脚尖或脚跟着地，承担体重的30%。拳论云：“实非全然站煞，实中有虚。虚非全然无力，虚中有实。”

（四）侧弓步

一脚内扣，一脚外撇，两脚成丁八字，坐实一腿，另一腿向前迈出，先以脚跟着地，随着重心前移使全脚踏实；弓腿之脚内扣，蹬腿之脚外撇。

（五）仆步

右脚外撇，重心后移，周身骨节均需松开，使身体重心向下坐，两脚掌着力；左腿不要太直，左脚尖不可翘起，右脚跟不要离地。

（六）独立步

一腿站立，不可太直；另一腿屈膝提起，小腿下垂，脚尖向前。

三、躯干

躯干的形态也称为身型，杨式太极拳的身型在拳中起着决定性作用，身型的“身”在这里是指人的头、肩、胸、臀、腰五个部位。

（一）头

头部包括眼、耳、嘴和头部的形态。

眼，在杨式太极拳中是十分讲究的。杨澄甫说:“目光虽然向前平视，有时当随身法而转移，其视线虽属空虚亦为变化中一紧要之动作，以补身法之不足。”

耳，听前后左右。

嘴，微闭，齿轻合，颔微内收，颈部自然松舒，显示出精神振作又稳健含蓄。

头部的形态，要求可概括为“虚领顶劲”四个字，意思是头宜正直，不可前俯后仰，也不可左右歪斜，转动时要自然平正。

（二）肩

沉肩坠肘，指练拳的时候，肩关节要松沉灵活，不可耸起，也不可前扣或后张。肘要下坠，自然弯曲，不可僵直，结合沉肩做到肘不贴肋，肘不离肋，使手臂仍有圆转松活之意。

（三）胸

含胸拔背，含胸是指练拳时胸不可前挺，要明显内收，而且松舒自然；拔背是指使脊椎有放松拔长之意。胸背部肌肉有自然松落之感，能含胸则能拔背，达到体态中正安舒。

（四）臀

臀部要收敛，不可突出或者左右摇摆。具体要求是：臀部内收，腰脊意向下，脊尾骨向上翻，小腹松舒自然，并要求脊骨根与大椎脊骨在一条直线上，并与地面垂直。

（五）腰

松、沉、直：“松”是为了气沉丹田和转动灵活；“沉”是为了气不上浮，下肢稳定有力；“直”是指腰椎骨后撑，使脊椎骨节节松舒，上下拔长，使转动时能够保持中正安舒。拳论云：“命意源头在腰隙”“有不得机势处，其病必于腰腿求之”，故松腰是练拳的关键要领。

第二章 杨式简化28势太极拳图解

一、关于图解的几点说明

1.本图解将每一势分为动作、要领两个部分进行较为详细的讲解，由浅入深，循序渐进，以便初学者能够正确理解和掌握。

2.初学者应在理解每一势要领的基础上演练图解中的动作，不要先将动作练熟后再去研究要领，否则动作练成习惯，要领很难上身。

3.杨式太极拳的方位，过去是用八卦，即坎、离、兑、震表示四正，巽、乾、坤、艮表示四隅。为了使读者能够较为容易地理解，本图解采用东、南、西、北表示四正，东南、西南、西北、东北表示四隅。

4.为了便于读者查对拳式的方向，本图解约定：起势面向正南，也就是面向读者的为南，背向读者的为北，面向读者右面的为东，面向读者左面的为西。

5.图中所有带实线或虚线的箭头，均表示手或脚的动作趋向，也就是说明本图过渡到下一图的动作趋向。凡动作较简单、用文字即可以说明的，就不在图中表示其动作趋向和绘制箭头，可参看文字和下一图。

6.带有实线的箭头表示右手或右脚的动作趋向，带有虚线的箭头表示左手或左脚的动作趋向。

二、杨式简化28势太极拳名称顺序

第一势　起势
第二势　左右野马分鬃
第三势　提手上势
第四势　白鹤亮翅
第五势　左右搂膝拗步
第六势　手挥琵琶
第七势　左右倒撵猴
第八势　左揽雀尾
第九势　右单鞭
第十势　左下势
第十一势　右金鸡独立
第十二势　右揽雀尾
第十三势　左单鞭
第十四势　云手
第十五势　单鞭
第十六势　右下势
第十七势　左金鸡独立
第十八势　高探马
第十九势　左右分脚
第二十势　转身蹬脚
第二十一势　左右玉女穿梭
第二十二势　海底针
第二十三势　扇通背
第二十四势　转身撇身捶
第二十五势　进步搬拦捶
第二十六势　如封似闭
第二十七势　十字手
第二十八势　收势

三、杨式简化28势太极拳动作说明

第一势　起势

“起势”是由“预备势”“起势”与“按势”三个动作组成的。

（一）预备势

动作：两脚左右分开，距离与肩同宽，两脚尖朝前，为开立步。两肩自然下垂，两掌在两胯旁，掌心向内，指尖朝下。身体自然直立，头宜正直，内含顶劲，嘴自然闭合，舌顶上腭。含胸、拔背、松腰胯。眼向前平视（图1）。

图1

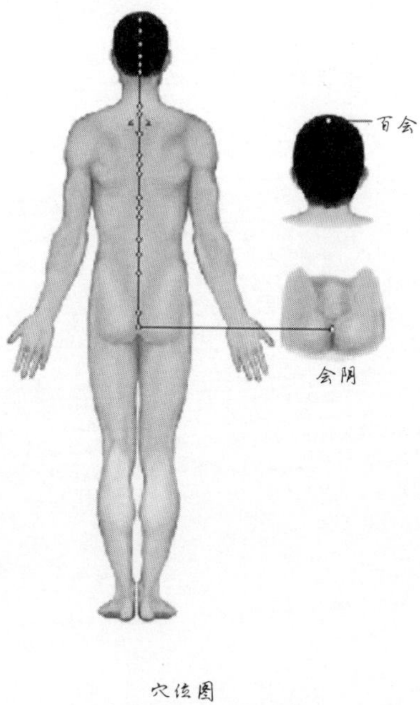

穴位图

◆**要领**

1.在做“预备势”时，要集中精神，排除一切杂念。

2.要求“百会穴”与“会阴穴”连成一条直线，与地面垂直；两个“肩井穴”与两个“涌泉穴”连成两条直线，与地面垂直。

（二）起势

动作：重心不变；两臂内旋，两臂向前平举，两掌距离与肩同宽，掌心向下，指尖朝前，高与肩平；眼向前平视（图2）。

图2

◆**要领**

两臂平举时不要伸得太直，也不要太曲，要直中求曲。两肩要放松，肘要坠。

（三）按势

动作：重心不变；两掌至两胯旁，掌心向下，指尖朝前，高与胯齐；眼向前平视（图3）。

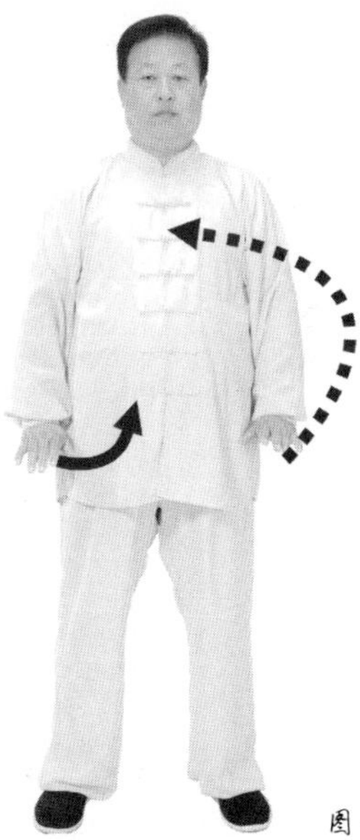

图3

◆**要领**

两掌向下按时，要始终保持与地面平行，不要上仰或下垂。

第二势　左右野马分鬃

“左右野马分鬃”由“右野马分鬃”“左野马分鬃”“右野马分鬃”“左野马分鬃”四势组成。

（一）右野马分鬃

“右野马分鬃”是由“右掤”“右挒”两个动作组成的。

1.右掤

动作一：重心移于右腿，腰右转，左脚随转腰随内扣45°。左掌随转腰臂内旋随弧形向上掤于胸前，掌心向下，指尖朝右，高与胸平。右手同时也随转腰随臂外旋，掌心向上，指尖朝左，高与胯齐。眼神顾及两掌向前平视（图4）。

动作二：重心全部移于左腿坐实；右脚提起，脚尖自

图4

图5

然下垂；腰右转。左掌随转腰随微内收，掌心向下，指尖朝右，高与胸平。右手同时也随转腰臂外旋随弧形抄于腹前，掌心向上，指尖朝左，高与腹齐；两掌如抱球状。眼神顾及两掌向前平视（图5）。

动作三：右脚向右前方迈出，先以脚跟着地，随着重心前移使全脚踏实，弓右腿，蹬左腿，成右弓步。同时腰右转，左手随转腰臂内旋随弧形向左下侧采，掌心向下，指尖朝左，高与胯齐；右手同时也随转腰臂内旋随弧形向上掤，掌心向内，指尖朝左，高与胸平。眼神顾及右掌向前平视（图6、图7）。

◆要领

凡掤出之手，肩不可耸起；手臂要掤圆。

图6

图7

图8

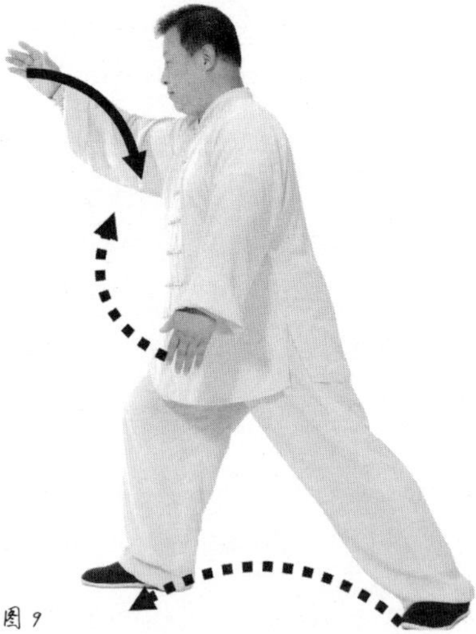

图9

2.右挒

动作：重心移于左腿，同时腰右转；右脚尖随转腰随向外撇45°，成右虚步。左手随转腰随向左后侧采，掌心向下，指尖朝左，高与胯齐；右手同时也随转腰臂外旋随向右上侧挒，掌心向上，指尖朝右上侧，高与耳齐。眼神顾及右掌向前平视（图8）。

◆要领

右挒手要与移重心同时完成，并要做到由肩到肘、由肘到手节节贯穿地向外挒出。

（二）左野马分鬃

“左野马分鬃”是由“左掤”“左挒”两个动作组成的。

1.左掤

动作一：重心全部移于右腿，坐实；左脚提起。同时，腰右转，右掌随转腰臂内旋随屈臂收于胸前，掌心向下，指

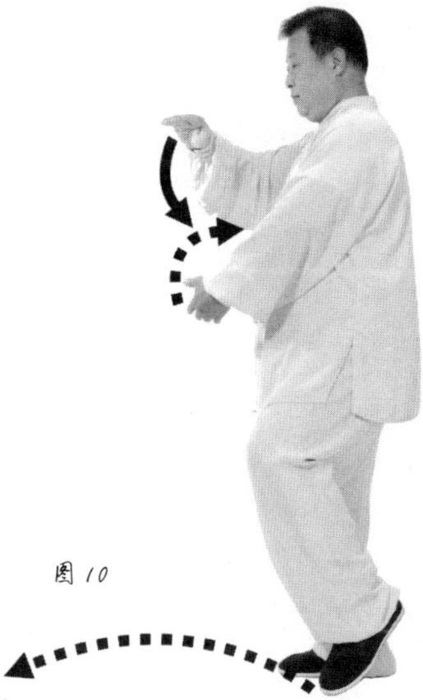

图10

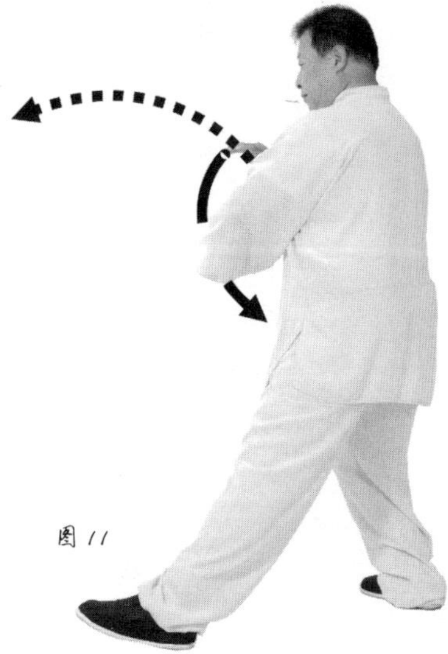

图11

尖朝左前方，高与胸平；左手同时也随转腰臂外旋随弧形抄于腹前，掌心向上，指尖朝右，高与腹齐；两掌如抱球状。眼神顾及两掌向前平视（图9、图10）。

图12

动作二：左脚向左前方迈出，先以脚跟着地，随着重心前移使全脚踏实，弓左腿，蹬右腿，成左弓步。同时，腰左转，右手随转腰臂内旋随弧形向右下侧采，掌心向下，指尖朝右，高与胯齐；左手同时也随转腰臂内旋随弧形向上掤，掌心向内，指尖朝右，高与胸平。眼神顾及左掌向前平视（图11、图12）。

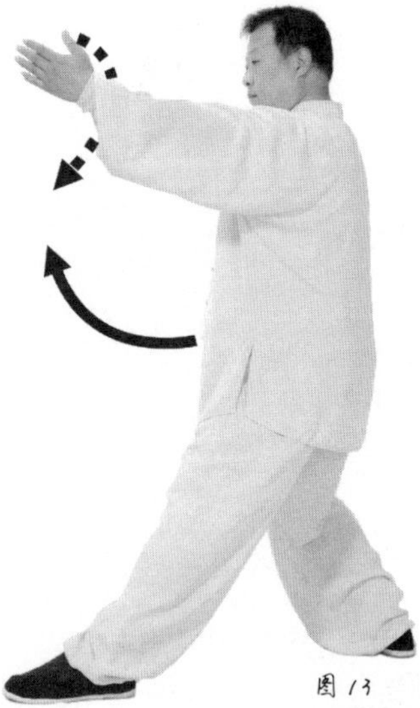

图13

◆要领

与"（一）右野马分鬃"中的"1.右掤"要领相同。

2.左捋

动作与"（一）右野马分鬃"中的"2.右捋"相同。唯左右方向相反（图13）。

◆要领

与"（一）右野马分鬃"中的"2.右捋"要领相同。

（三）右野马分鬃

"右野马分鬃"是由"右掤""右捋"两个动作组成的。

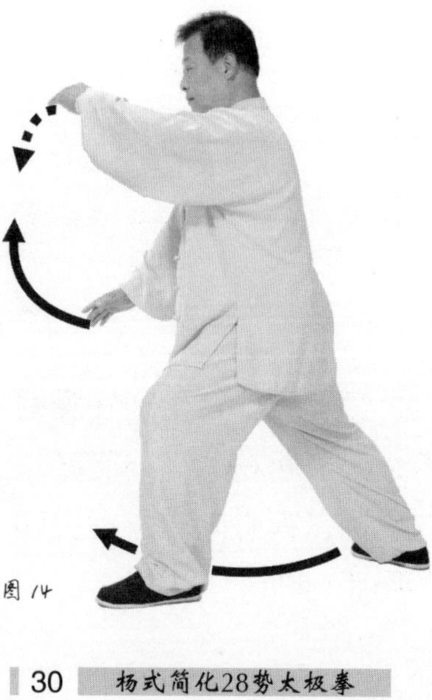

图14

图15

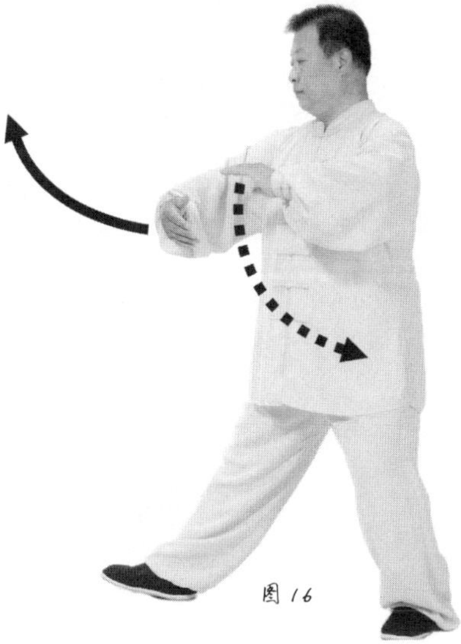

图16

图17

1.右掤

动作一：与“（二）左野马分鬃”中的“1.左掤”动作一相同，唯左右方向相反（图14、图15）。

动作二：与“（二）左野马分鬃”中的“1.左掤”动作二相同，唯左右方向相反（图16、图17）。

图18

◆要领

与“（一）右野马分鬃”中的“1.右掤”要领相同。

2.右捋

动作与“（一）右野马分鬃”中的“2.右捋”相同（图18）。

◆**要领**

与“（一）右野马分鬃” 中的“2.右捋”要领相同。

（四）左野马分鬃

“左野马分鬃”是由“左掤”“左捋”两个动作组成的。

1.左掤

动作一：与“（二）左野马分鬃”中的 “1.左掤”动作一相同（图19、图20）。

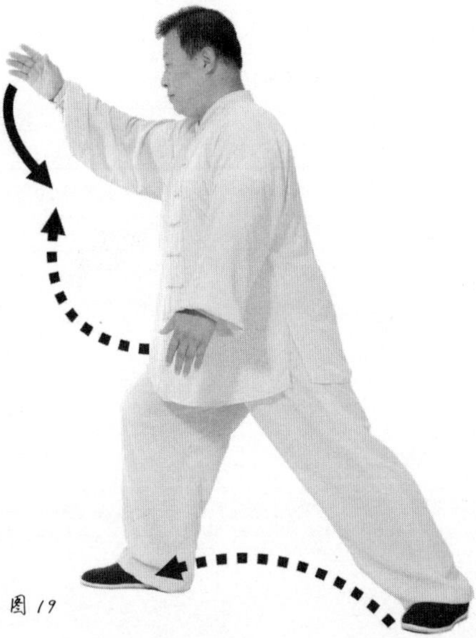

图19

图20

动作二：与“（二）左野马分鬃”中的 “1.左掤”动作二相同（图21、图22）。

◆**要领**

与“（一）右野马分鬃” 中的“ 2.右掤”要领相同。

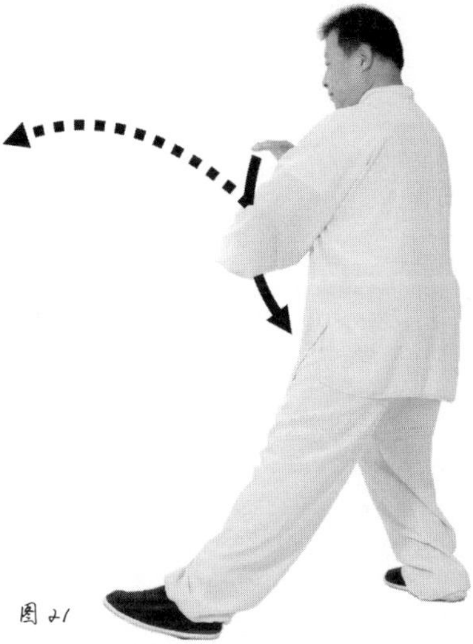

图21

图22

2.左捋

动作与“（一）右野马分鬃”中的“2.右捋”相同，唯左右方向相反，左脚尖由外撇45°改为90°（图23）。

◆**要领**

与“（一）右野马分鬃”中的“2.右捋”要领相同，唯左右方向相反。

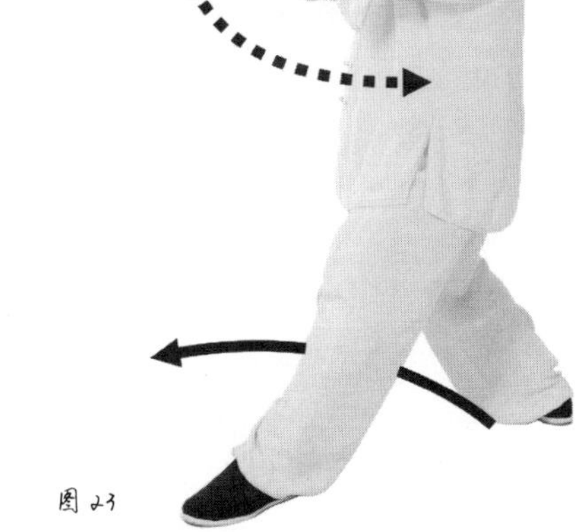

图23

第三势　提手上势

“提手上势”是由“右手挥琵琶”“提手”两个动作组成的。

（一）右手挥琵琶

动作：重心全部移于左腿坐实；右腿提起，落于左脚前一步，以脚跟着地，脚尖自然微翘，右膝微弓，成右虚步。同时腰微右转，左掌随转腰臂内旋随坠肘向内合，掌心向右，指尖朝前，高与胸齐；右手同时也随转腰臂外旋随坠肘向内合，掌心向左，指尖朝前，高与肩平。眼神顾及两掌向前平视（图24、图25）。

◆**要领**

上体要正直，不可前俯后仰。两手向内合时要以肩催肘，以肘催手。

图24

图25

（二）提手

动作一：重心全部移于左腿；腰微左转，右脚提起，脚尖自然下垂。左掌随转腰臂内旋横掤于胸前，掌心向下，指尖朝右，高与胸平；右掌同时也随转腰臂外旋随收于胸前，掌心向里，指尖朝左，高与腹平。眼神顾及两掌向前平视（图26）。

图26

动作二：重心不变，腰左转，右脚尖内扣90° 向前迈出，先以脚跟着地，随着重心前移使全脚踏实，弓右腿，蹬左腿，成右侧弓步。右臂随弓腿向右前侧挤，挤的同时带有上提之意；左掌按住右小臂内侧随右臂前挤。眼顾及右掌向前平视（图27、图28）。

◆要领

要求左掌向下按，右小臂向上提形成一个撅劲，一按一提要做到协调一致。

图27

图28

第四势　白鹤亮翅

动作：重心全部移于右腿坐实；同时，腰左转，左脚随转腰提起向前迈半步，以脚尖点地，膝微弓，成左虚步。右掌随转腰臂内旋随向上掤，掌心向前，指尖朝左，高过于额；左掌同时也随转腰臂内旋随弧形向左下侧采，掌心向下，指尖朝前，高与胯齐。眼神顾及两掌上下分开，随即向前平视（图29）。

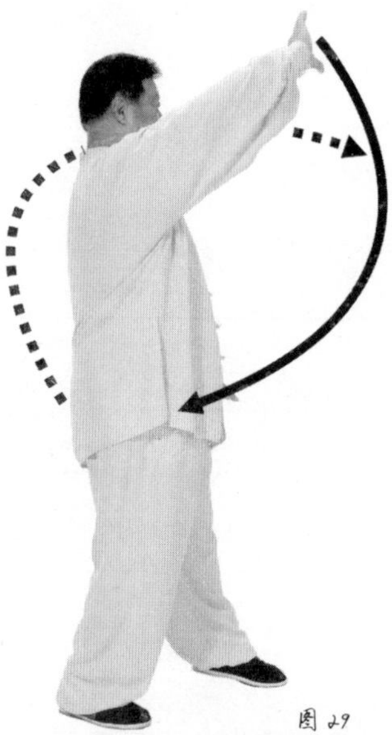

图29

◆**要领**

“白鹤亮翅”定势时，左小臂微抬，手臂微屈呈弧形，肘尖既不要外翻，也不要夹肋，要自然松沉。

第五势　左右搂膝拗步

“左右搂膝拗步”是由“左搂膝拗步”“右搂膝拗步”“左搂膝拗步”三个动作组成的。

（一）左搂膝拗步

动作一：重心不变，腰右转，右掌随转腰臂外旋由肩而肘自然弧形下落于右胯旁，掌心向前，指尖朝下，高与胯齐；左掌同时也随转腰臂外旋弧形向上抄，掌心朝内，指尖向右，高与胸平。眼神顾及两掌向前平视（图30）。

动作二：重心全部移于右腿坐实；腰微右转，左脚提起，脚尖自然下垂。右掌随转腰臂内旋随由右侧向上抄，掌心向前，指尖朝上，高与耳起；左掌同时也随转腰臂内旋随弧形向下搂，掌心向下，指尖朝右，高与腹齐。眼神顾及右掌向前平视（图31）。

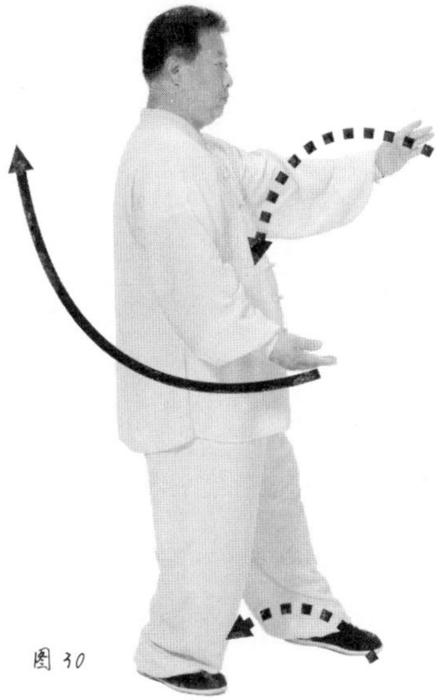
图30

图31

动作三：重心不变，腰左转；左脚向前迈出，先以脚跟着地，随着重心前移使全脚踏实，弓左腿，蹬右腿，成左弓步。左掌随转腰臂内旋由左膝前弧形向左下侧搂，掌心向下，指尖朝前，高与胯齐；右掌同时也随转腰臂内旋随弧形向前按出，掌心向前，指尖朝上，高与肩平。眼神顾及左掌

图32

图33

搂过左膝，随即顾及右掌向前平视（图32、图33）。

◆**要领**

整个动作要有“立如平准，活似车轮”和“身形顺我自伸舒”的意识控制。比如左脚未提起时，头、身不可低下；提左腿时，身体不可后仰和高起；弓步出掌时，臀部不可凸出，身体不可前俯、滞顿或有棱角等现象，应时时追求松净自然之感和长驱大进之势。

（二）右搂膝拗步

动作一：重心移于右腿，成左虚步；同时腰左转。左脚尖随转腰向外撇45°。左手随转腰臂外旋松腕，掌心向前，指尖向下，高与胯齐；右手同时也随转腰随松腕向回收，掌心向下，指尖朝左，高与胸平。眼神顾及两掌向前平视（图34）。

图34

图35

动作二：重心移于左腿，弓左腿，蹬右腿，成左弓步。同时，腰微左转，左手随转腰臂外旋随由左侧向上抄，掌心向上，指尖朝左，高与腹齐；右手同时也随转腰随向下按，掌心向下，指尖朝左，高与胸平，眼神顾及两掌向前平视（图35）。

动作三：重心全部移于左腿坐实；同时，腰微左转，右脚随转腰提起，脚尖自然下垂。左手随转腰随向上抄，掌心向上，指尖朝左，高与肩平；右手同时也随转腰随向下按，掌心向下，指尖朝左，高与腹齐。眼神顾及右掌向前平视（图36）。

动作四：重心不变，腰右转，右脚随转腰向前迈出，先以脚跟着地，随着重心前移使全脚踏实，弓右腿，蹬左腿，成右弓步。右掌随转腰臂内旋随由右膝前弧形向右下侧搂，

图 36

图 37

图 38

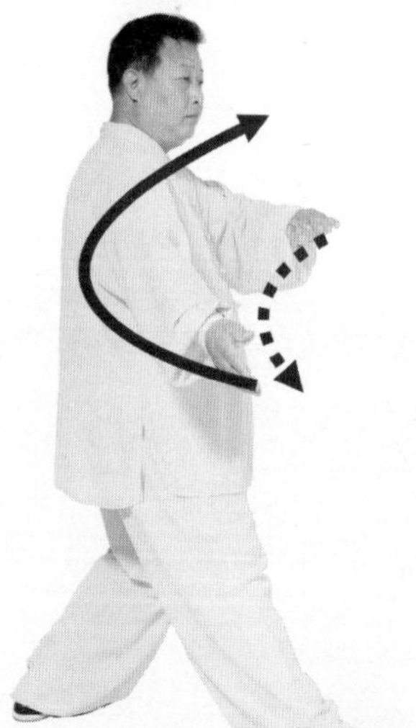

图 39

掌心向下，指尖朝前，高与右胯齐；左掌同时也随转腰臂内旋随弧形向前按出，掌心向前，指尖朝上，高与肩平。眼神顾及右掌搂过右膝，随即顾及左掌向前平视（图37、图38）。

◆要领

与“（一）左搂膝拗步”要领相同。

（三）左搂膝拗步

动作一：与“（二）右搂膝拗步”动作一相同，唯左右方向相反（图39）。

动作二：与“（二）右搂膝拗步”动作二相同，唯左右方向相反（图40）。

动作三：与“（二）右搂膝拗步”动作三相同，唯左右方向相反（图41）。

图40

图41

图42

图43

动作四：与“（二）右搂膝拗步”动作四相同，唯左右方向相反（图42、图43）。

◆要领

与“（一）左搂膝拗步”要领相同。

第六势　手挥琵琶

动作一：重心全部移于左腿，腰微左转，右腿随移重心随向前跟半步，以脚尖着地。左手随转腰向上抄，掌心向下，指尖朝前，高与腹齐；右手同时也随转腰臂外旋、松腕微向前送，掌心向下，指尖向前侧上，高与肩平，右肩微向前松劲；眼神顾及右掌向前平视（图44）。

动作二：重心全部移于右腿坐实；同时，腰微右转，左脚随移重心随提起向前迈半步，以脚跟着地，脚尖微翘，膝微弓，成左虚步。左手随转腰臂外旋随向上抄，掌心向右，指尖向前侧上，高与肩平；右手同时也随转腰臂外旋随向下采，掌心向左，指尖朝前侧上，高与腹齐。眼神顾及两掌向前平视（图45）。

◆要领

与“第三势　提手上势”中的“（一）右手挥琵琶”要领相同。

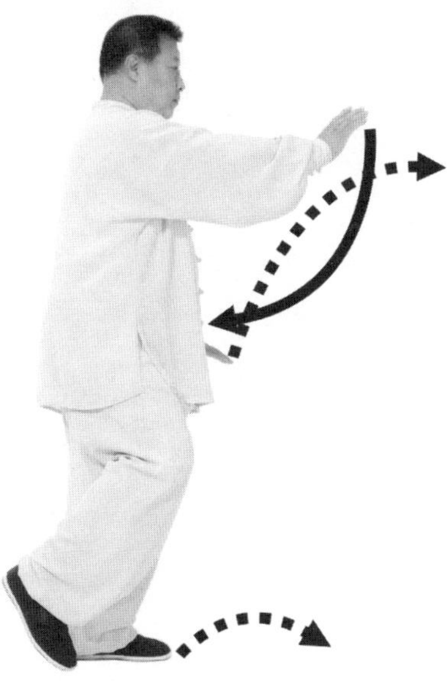

图44

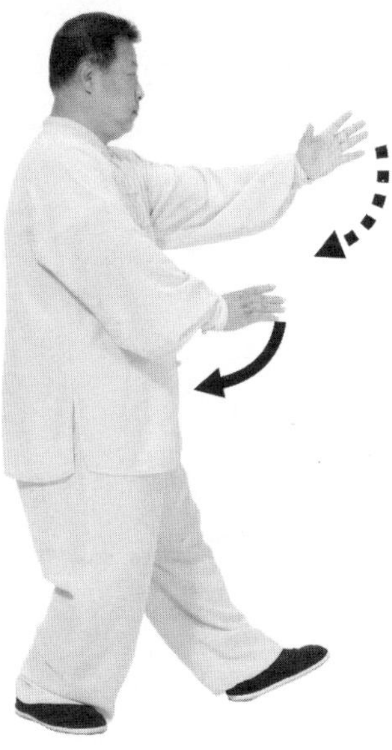

图45

第七势　左右倒撵猴

“左右倒撵猴”是由“右倒撵猴”“左倒撵猴”“右倒撵猴”三势组成的。

（一）右倒撵猴

“右倒撵猴”是由“右倒转肱”“右捌”两个动作组成的。

1.右倒转肱

动作：重心不变，腰微右转，左脚尖随转腰放平着地，成左虚步。左掌随转腰臂微外旋随向下落，同时向前微伸，掌心向前，指尖朝上，高与胸平；右手同时也随转腰臂外旋随弧形向右下侧抽，掌心向上，指尖朝前，高与腰平。眼神顾及左掌向前平视（图46）。

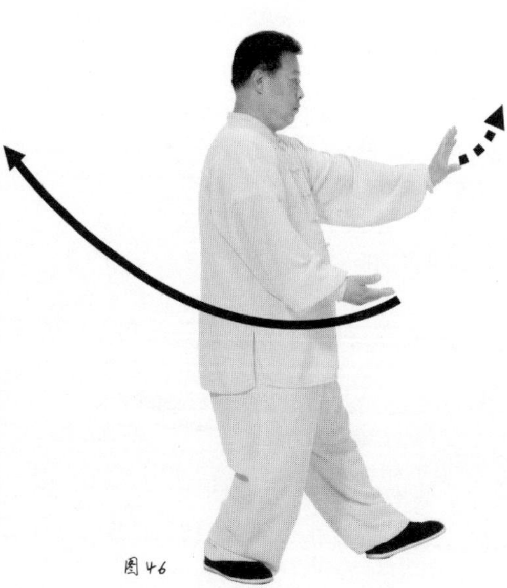

图46

图47

2.右捋

动作：重心不变，腰右转，左掌随转腰臂外旋随向前微伸，掌心向右侧上，指尖朝右前侧，高与肩平；右掌同时也随转腰臂内旋随弧形向右后侧上捋，掌心向前侧上，指尖朝右后侧，高与肩平。眼神顾及右掌向前平视（图47）。

◆要领

杨式太极拳的“倒撵猴”也称“倒卷肱”。所谓“倒卷肱”，就是肱骨倒转。“倒转肱”是肱骨往后转，“捋手”是手向后捋的时候，肱骨仍然向后转。“倒卷肱”在杨式太极拳中习惯称为“倒撵猴”。

（二）左倒撵猴

“左倒撵猴”是由“左倒转肱”“左捋”两个动作组成的。

1.左倒转肱

动作一：重心不变；腰左转；左脚提起，脚尖自然下垂。同时左掌随转腰臂外旋随弧形向下落，掌心向上，指尖朝前，高与胸平；右手同时也随转腰臂外旋随弧形收于右耳旁，掌心向前，指尖朝上，高与耳齐。眼神顾及左掌向前平视（图48）。

图48

图49

图50

动作二：重心不变，左脚随转腰随向后撤一步，先以脚尖着地，随着重心后移使全脚踏实，成右虚步。同时，左掌随转腰随弧形向左下抽，掌心向上，指尖朝前，高与腰平；右掌同时也随转腰向前按出，掌心向前，指尖朝上，高与胸平。眼神顾及右掌向前平视（图49、图50）。

2.左捋

动作：重心不变，腰左转，左掌随转腰臂内旋随弧形向左后侧上捋，掌心向前侧上，指尖朝左后侧，高与肩平；右掌随转腰臂外旋随向前微伸，掌心向前侧上，指尖朝右前方，高与肩平。眼神顾及左掌向前平视（图51）。

◆要领

退步时身体不要起伏，支撑的腿要始终保持原来的高

图51

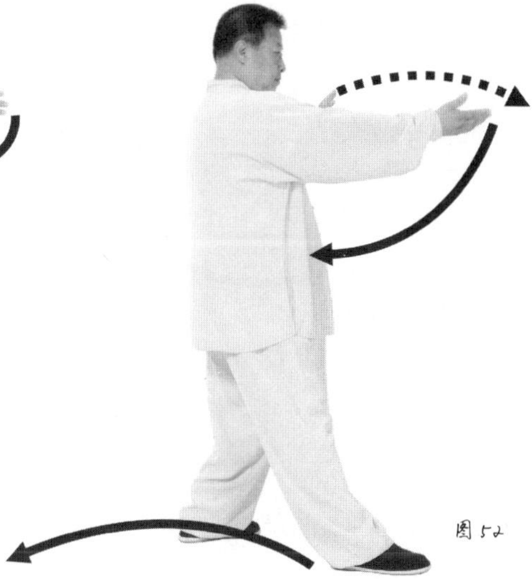

图52

度，速度也要保持原来的速度。重心转移时，必须将一腿坐实控制重心后，再将另一腿提起后退。收步至退步之间，要收住尾闾，虚领顶劲，避免身体“前俯后仰”，这样久而久之就增加了腿步的力量和腰部的柔韧性，就可做到“立如平准”“迈步如猫行”。

（三）右倒撵猴

动作一：与“（二）左倒撵猴”中的“1.左倒转肱”动作一相同，唯左右方向相反（图52）。

动作二：与“（二）左倒撵猴”中的“1.左倒转肱”动作二相同，唯左右方向相反（图53、图54）。

◆要领

与“（一）右倒撵猴”要领相同。

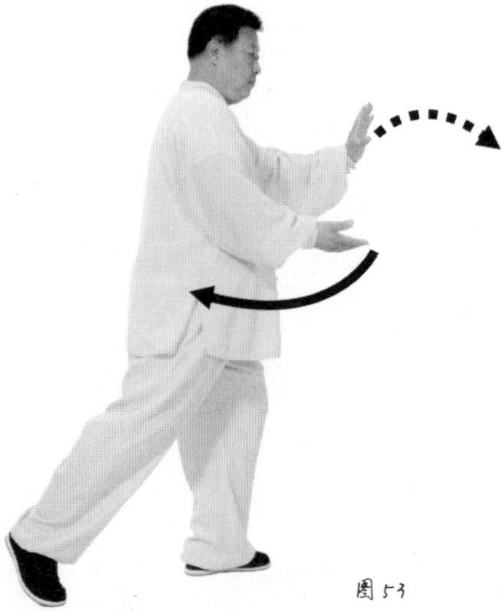

图53

图54

第八势　左揽雀尾

“左揽雀尾”是由“左掤势”“搌势”“挤势”“按势”四个动作组成的。

（一）左掤势

动作一：重心全部移于右腿，腰微右转，左手随转腰臂外旋随横掤于胸前，掌心向里，指尖朝右，高与胸平；右手同时也随转腰臂内旋，掌心向下，指尖朝前，高与腹齐。眼神顾及两掌向前平视（图55）。

动作二：重心不变，腰微左转，左脚向前迈出，先以脚跟着地，随着重心前移使全脚踏实，弓左腿，蹬右腿，成左弓步。同时左手随转腰随向前掤，掌心向里，指尖朝右，高与胸平；右手随左手向前按，掌心向外，指尖朝上，高与胸齐。眼神顾及两掌向前平视（图56、图57）。

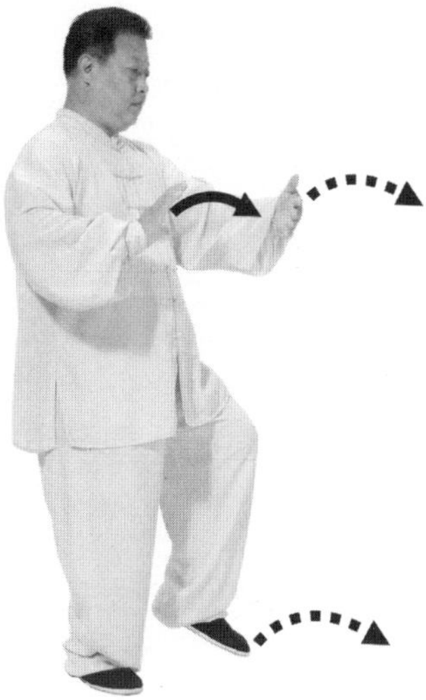

图55

图56

图57

◆要领

凡掤出之手，肩不可耸起；手臂要掤圆，臂不可挺得太直；身体不可前俯，需做到裆沉胯落臀敛，脊骨节既拔且松，然后才能气舒劲整。

（二）攌势

动作一：重心不变，腰微左转，左手随转腰臂内旋，掌心向下，指尖朝前，高与胸平；右手随转腰臂外旋，掌心向内，指尖朝左，高与胸平。眼神顾及两掌向前平视（图58）。

动作二：重心移于右腿，腰右转，左手随转腰随弧形向右侧攌，掌心向下，指尖朝前，高与胸平；右手同时也随转腰随弧形向右攌，掌心向内，指尖朝左，高与胸平。眼神顾及两掌向前平视（图59）。

◆要领

攌要靠腰来带动，不要单靠两臂往回拽。两臂右攌时要注意沉肘护肋，但又不能夹肋。两腋下要留有可容一拳的空隙。不但右攌如此，整个套路中的动作都要这样做。

图58

图59

图60

图61

（三）挤势

动作：重心移于左腿，弓左腿，蹬右腿，成左弓步；腰左转。左臂随转腰随横掤于胸前，掌心向里，指尖朝右，高与胸平；右手同时也随转腰臂内旋随按于左手脉门上，掌心向外，指尖朝上，高稍底于左掌。眼神顾及两掌向前平视（图60、图61）。

◆要领

做“挤势”时，右掌与左手脉门之间要似粘非粘，不要贴得太紧。

（四）按势

动作一：重心移于右腿，成左虚步，右掌随移重心随从左手上侧平抹分开；左手同时也随移重心臂内旋随与右手分开，两掌距离稍窄于肩，两掌心左右相对，两臂同时外旋弧

图62

图63

图64

形向回收于胸前，两掌坐腕，掌心朝前，指尖朝上，高与胸平。眼神顾及两掌向前平视（图62、图63）。

动作二：重心移于左腿，弓左腿，蹬右腿，成左弓步；两掌随移重心臂内旋随向前按出，掌心向前，指尖朝上，高与胸平；眼神顾及两掌向前平视（图64）。

◆要领

两掌随重心后移随弧形向胸前抹回，肩不可耸起，两肘也不可上翘。两掌在收于胸前时，左掌心斜朝右前方，右掌心斜朝左前方，使两掌心左右相对，如抱球前投之状。两掌随向前按臂内旋，但两掌心不能转至正前方，同时两掌注意坐腕。《打手要言》云："若物将掀起，而加挫之之力，斯其根自断，乃坏之速而无疑。"

其向前按的路线要呈现出微微往上的弧形，但幅度不宜过大。

第九势　右单鞭

"单鞭"是由"右拦""左拦""吊手""扑面掌"四个动作组成的。

（一）右拦

动作：重心移于右腿，同时腰右转，左脚尖随转腰内扣；两手同时也随转腰放平，自左向右平抹半个椭圆，掌心向下，指尖朝前，高与肩平。眼神顾及两掌向前平视（图65、图66）。

◆要领

当重心向右腿转移的同时，腰要右转；同时两掌放平，注意掌心向下，指尖朝前；左脚趾同时也要轻轻领起，使手与脚尖随转腰向右旋转。

（二）左拦

动作：重心移于左腿，同时腰左转；两掌随转腰随弧形向左平抹半个椭圆，两掌心向下，指尖朝前，高与肩平。眼神顾及两掌向前平视（图67）。

图 65

图 66

图 67

图 68

◆要领

两臂随腰往复画弧时，要做到两臂相系，双手相跟，轻灵松活，总要一手前、一手随，一手实、一手虚。做到实中有虚，虚中有实，意在“粘连黏随”。

（三）吊手

动作：重心全部移于左腿坐实，同时腰右转，右腿提起，脚尖自然下垂。左掌随转腰臂内旋随向左前方伸出并将五指捏拢在一起，指尖下垂，成吊手状，高与肩平；右掌随转腰随臂外旋，掌心向里，指尖朝左，高与胸平。眼神顾及左吊手向前平视（图68）。

◆要领

吊手要求五指捏拢，腕关节弯曲下垂，注意左右两肩相平。

（四）扑面掌

动作：重心不变，腰继续右转；同时，右脚向前迈出，先以脚跟着地，随着重心前移使全脚踏实，弓右腿，蹬左腿，成右弓步。左吊手随转腰随向左后侧伸，指尖朝下，高与肩平；右手同时也随转腰臂内旋随向前劈按，掌心向前，指尖

图69

图70

朝上，高与肩平。眼神顾及右掌向前平视（图69、图70）。

◆**要领**

“右单鞭”定式时，右手方向、鼻尖、右脚尖方向一致，故曰三点相对。这个动作很容易出现右肩低、左肩高的现象。同时，对整体的要求是做到“外三合”，即肩与胯合、肘与膝合、手与足合。

第十势　左下势

动作：左脚跟向后蹬，接着左脚尖外撇45°，踏实；随后重心移于左腿，左腿屈膝下蹲，成右仆步，同时腰左转。右掌随移重心臂外旋随屈肘弧形向回收经胸前下落，由右腿内侧向前穿，掌心向左，指尖朝前；左手不变。眼神顾及右掌向前平视（图71、图72）。

图71

图72

◆**要领**

当重心后移下落，右掌弧形

里收下移时，头要顶劲，腰要松竖，肩要松沉；以腰身带回右肩，肩带肘移，肘带手，“节节贯穿”地带动右掌下沉。后吊手不可因身体下蹲而高起、下落或僵直，应随身体转动而随和地移动，保持两肩平，头正。成右仆步时，右胯根微沉，右膝微屈，右脚尖不可翘起。整体动作要做到“神舒体静”“腹内松静”。

第十一势　右金鸡独立

动作一：右脚尖外撇45°，重心移于右腿，弓右腿，蹬左腿，成右弓步，同时腰右转。右掌随转腰随弧形向上穿，掌心向左，指尖朝前，高与胸平；左手同时也随转腰随由吊手变为掌弧形下落，掌心向里，指尖朝下，高与胯齐。眼神顾及右掌向前平视（图73）。

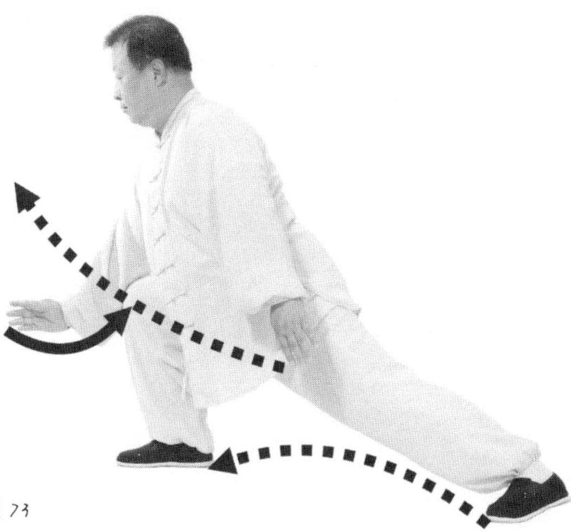

图73

动作二：重心全部移于右腿坐实；左腿提起，膝与胯平，脚尖自然下垂，成右独立步，同时腰微左转。右掌随转腰臂内旋随弧形向右下侧按，掌心向下，指尖朝前，高与胯齐；左手同时也随转腰随屈肘弧形向上穿，掌心向右，指尖朝上，高与耳平。眼神顾及左掌向前平视（图74、图75）。

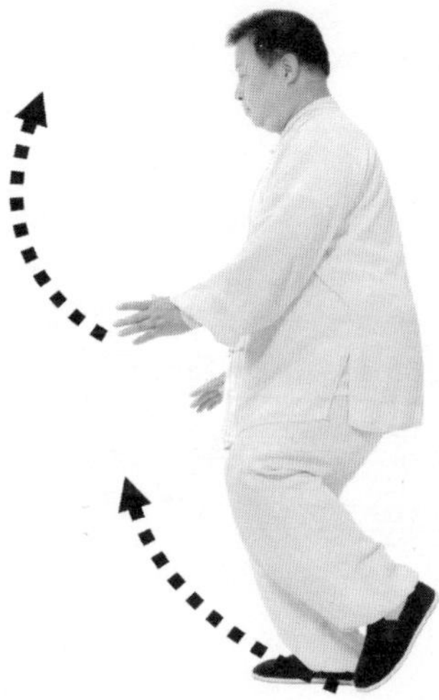

图74

图75

◆要领

由“右单鞭”到“左下势”，由“左下势”到“右金鸡独立”，形若波澜，柔韧而圆转，“动急则急应，动缓则缓随”，意存腰脊，气通九曲，劲贯四梢。其外形内意，出神入化而相承相合。

第十二势　右揽雀尾

“右揽雀尾”是由“左掤势”“右掤势”“攦势”“挤势”“按势”五个动作组成的。

（一）左掤势

动作一：重心不变，腰微右转，右腿微屈。左手随转腰臂外旋随弧形向下抄，掌心向上，指尖朝右，高与腹齐；右手同时也随转腰由右侧弧形向上抄于胸前，掌心向下，指尖朝左，高与胸平；眼神顾及两掌向前平视（图76）。

图76

动作二：重心不变，腰左转，左脚向左前方迈出，先以脚跟着地，随着重心前移使全脚踏实，弓左腿，蹬右腿，成左弓步；同时，右脚跟向后蹬，使右脚尖朝西南方向为度。左手随转腰臂内旋随向前掤，掌心向内，指尖朝右，高与胸平；右手同时也随转腰随弧形向右下采，掌心向下，指尖朝前，高与胯齐。眼神顾及左掌向前平视（图77、图78）。

图77

图78

◆**要领**

弓步之膝不能超过脚尖，蹬腿的脚掌和脚跟要全部着地，腿也不可蹬得太直，要直中求曲。凡弓步，以弓步为实，蹬腿为虚，一般以实腿负担体重的70%，蹬腿负担体重的30%。膝要与脚尖的方向一致。

（二）右掤势

动作一：重心移于右腿，左脚尖随移重心内扣45°，同时，腰向右转。左掌随转腰随臂内旋，掌心向下，指尖朝右，高与胸平；右掌同时也随转腰随臂外旋，掌心向左，指尖朝下，高与腹平。眼神顾及两掌向前平视（图79）。

动作二：重心移于左腿坐实，腰微左转，右腿提起，脚尖自然下垂。左手随转腰随收于胸前，掌心向下，指尖朝右，高与胸齐；右手同时也随转腰臂外旋随弧形向上掤，掌心向下，指尖朝左，高与腹平。眼神顾及两掌向前平视（图80、图81）。

图79

动作三：重心不变，腰微右转，右脚向前迈出，先以脚跟着地，随着重心前移使全脚踏实，弓右腿，蹬左腿，成右弓步。右手随转腰随向前掤，掌心向内，指尖朝左，高与胸平；左手同时也随转腰随右手向前按，掌心向下，指尖朝右，高与胸

图80

图81

图82

图83

齐。眼神顾及两掌向前平视（图82、图83）。

◆**要领**

与“第八势　左揽雀尾” 中的“（一）左掤势”要领相同。

（三）攦势

动作一：重心不变，腰微右转，左手随转腰随臂外旋，掌心向上，指尖朝右，高与胸平；右手同时也随转腰随臂内旋，掌心向下，指尖朝前，高与胸平。眼神顾及两掌向前平视（图84）。

动作二：重心移于左腿，腰左转；左手随转腰随弧形向左侧攦，掌心向上，指尖朝右，高与胸平；右手同时也随转腰随弧形向左侧攦，掌心向下，指尖朝前，高与胸平。眼神顾及两掌向前平视（图85）。

图 84

图 85

◆要领

与“第八势　左揽雀尾”中的“（二）攦势”要领相同。

（四）挤势

动作：重心不变，腰右转，右臂随转腰随横掤于胸前，掌心向里，指尖朝左，高与肩平；左手同时也随转腰随臂内旋随按于右脉门上，掌心向外，指尖朝上，稍底于右掌。随即，弓右腿，蹬左腿，成右弓步。眼神顾及两掌向前平视（图86、图87）。

图86

图87

◆要领

与"第八势　左揽雀尾"中的"（三）挤势"要领相同。

（五）按势

动作一：重心移于左腿，腰微右转，左掌随转腰从右手上侧向左平抹与右手分开；右手同时也随转腰臂内旋向右平抹与左手分开，两掌距离稍窄于肩，两掌心左右相对，同时两臂外旋弧形向回收于胸前，两掌坐腕，掌心朝前，指尖朝上，高与胸平。眼神顾及两掌向前平视（图88、图89）。

图 88

图 89

图 90

动作二：重心移于右腿，弓右腿，蹬左腿，成右弓步，同时腰微左转，两掌随移重心臂内旋随向前按出，掌心向前，指尖朝上，高与胸平。眼神顾及两掌向前平视（图90）。

◆要领

与“第八势　左揽雀尾”中的“（四）按势”要领相同。

第十三势　左单鞭

“左单鞭”是由“左拦”“右拦”“吊手”“扑面掌”四个动作组成的。

（一）左拦

动作：重心移于左腿，腰左转，右脚尖随转腰随内扣；两手同时也随转腰放平，掌心向下，指尖朝前，高与胸平，自右向左平抹半个椭圆。眼神顾及两掌向前平视（图91、图92）。

图91

图92

◆**要领**

与“第九势　右单鞭”中的“（一）右拦”要领相同。

（二）右拦

动作：重心移于右腿，腰右转，两掌随转腰随弧形向右平抹半个椭圆；两掌心向下，指尖朝前，高与胸平。眼神顾及两掌向前平视（图93）。

图93

◆**要领**

与“第九势　右单鞭”中的“（二）左拦”要领相同。

（三）吊手

动作：重心全部移于右腿坐实，同时腰左转，左脚提起，脚尖自然下垂。右掌随转腰随向右前方伸出并将五指捏拢在一起，指尖下垂，成吊手状，高与肩平；左掌随转腰随臂外旋，掌心向里，指尖朝右，高与胸平。眼神顾及右吊手向前平视（图94）。

图94

◆**要领**

与“第九势　右单鞭”中的“（三）吊手”要领相同。

（四）扑面掌

动作：重心不变，腰继续左转；同时，左脚向前迈出，先以脚跟着地，随着重心前移使全脚踏实，弓左腿，蹬右腿，成左弓步。右吊手随转腰随向右后侧伸，指尖朝下，高与肩平；左手同时也随转腰臂内旋随向前劈按，掌心向前，指尖朝上，高与肩平。眼神顾及左掌向前平视（图95、图96）。

图95

图96

◆**要领**

与“第九势　右单鞭” 中的“（四）扑面掌”要领相同。

第十四势　云手

“云手”是由五个“云手”动作组成的。

（一）云手

动作一：重心移于右腿，同时左脚尖内扣，成右侧弓步；同时，腰右转。左手随转腰松腕使手放平随向胸前平抹，掌心向下，指尖朝前，高与胸平。右手同时也随转腰随由吊手变为掌向胸前平抹，掌心向下，指尖朝前，高与胸平；眼神顾及两掌向前平视（图97）。

动作二：重心移于左腿，蹬右腿，弓左腿，成左侧弓步，同时腰左转。左掌随转腰随向左平抹，掌心向下，指尖朝右前，高与肩平；右掌同时也随转腰臂外旋随弧形向下抄，掌心向内，指尖朝下，高与小腹齐。眼神顾及右掌向前平视（图98）。

图97

图98

动作三：重心全部移于左腿坐实；右脚提起，脚尖自然下垂。同时腰左转，左掌随转腰随向下抹，掌心向下，指尖朝右，高与腹平；右手同时也随转腰随向上提，掌心朝内，指尖向左，高与胸齐。眼神顾及左掌向下抹随即向前平视（图99）。

图 99

图 100

图 101

动作四：重心不变，右脚向左收半步落下，先以脚尖着地，随着重心右移使全脚踏实；同时，腰微右转。右掌随转腰随弧形向右上侧运转，掌心向里，指尖朝左，高与眼齐；左掌同时也随转腰随弧形向下抄，掌心向里，指尖朝右，高与腹齐。眼神顾及右掌向右上侧运转随即向前平视（图100）。

动作五：重心全部移于右腿坐实；左脚提起，脚尖自然下垂；腰微右转。右掌随转腰弧形向右下侧运，掌心向里，指尖朝左，高与肩平；左掌同时也随转腰随弧形向上运，掌心朝内，指尖向右，高与胸平。眼神顾及右掌向前平视（图101）。

动作六：重心不变，左脚向左侧横跨半步，先以脚尖着地，随着重心左移使全脚踏实，成小马步；同时，腰左转。左掌随转腰随弧形向左上侧运，掌心向内，指尖朝右，高与眼齐；右掌同时也随转腰弧形向下抄，掌心向里，指尖朝左，高与腹齐。眼神顾及左掌向左上侧运转随即向前平视（图102、图103）。

图102

图103

◆要领

“云手” 时一定注意重心稳定，保持“立身中正”，不可忽高忽低。步法是平行横向移动，抬脚时脚跟先提起，落地时脚尖先着地，一脚踏实后再抬另一脚，此起彼落，连绵不断。四肢运动和身体转动均要以腰为轴，“腰随手走，步随身换，缓缓转动，徐徐呼吸”。应避免左斜右歪，前俯后仰，忽快忽慢，以达呼吸均匀顺遂。

（二）云手

动作一：与“（一）云手”动作三相同（图104）。

动作二：与“（一）云手”动作四相同（图105）。

动作三：与“（一）云手”动作五相同（图106）。

图104

图105

图106

动作四：与“（一）云手”动作六相同（图107、图108）。

◆要领

与“（一）云手”要领相同。

图107

图108

（三）云手

动作一：与“（一）云手”动作三相同（图109）。

动作二：与“（一）云手”动作四相同（图110）。

动作三：与“（一）云手”动作五相同（图111）。

◆要领

与“（一）云手”要领相同。

图 109

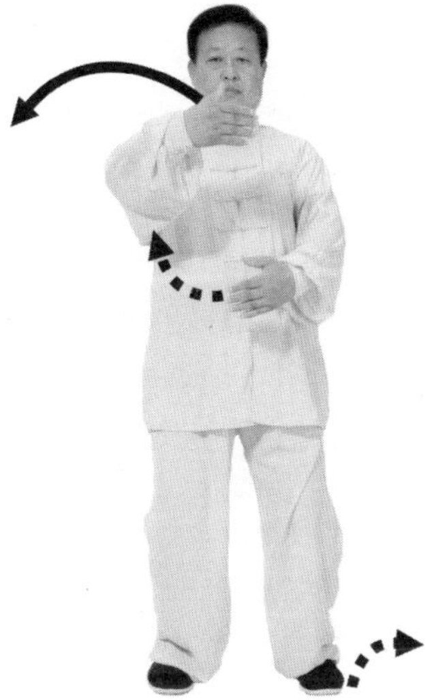

图 110

图 111

说明：

在套路中要做五个“云手”，这样在收势的时候就能回到原位，本书为压缩篇幅，只写了三个“云手”，在实际练的时候要做五个“云手”。

第十五势　单鞭

“单鞭”是由“吊手”“扑面掌”两个动作组成的。

（一）吊手

动作：重心不变，同时腰左转，左脚提起，脚尖自然下垂。右掌随转腰随向右前方伸出并将五指捏拢在一起，指尖下垂，呈吊手状，高与肩平；左掌随转腰臂外旋，掌心向里，指尖朝右，高与肩平。眼神顾及右吊手向前平视（图112）。

说明：

在套路中“单鞭”分为两种，一种是“揽雀尾单鞭”，一种是“云手单鞭”。“揽雀尾单鞭”是由四个动作组成的，“云手单鞭”是由两个动作组成的。

图112

◆要领

与“第九势　右单鞭”中的“（三）吊手”要领相同。

（二）扑面掌

动作：重心不变；腰左转；同时，左脚向前迈出，先以脚跟着地，随着重心前移使全脚踏实，弓左腿，蹬右腿，成左弓步。右吊手随转腰随向右后侧伸，指尖朝下，高与肩平；左手同时也随转腰臂内旋随向前劈按，掌心向前，指尖朝上，高与肩平。眼神顾及左掌向前平视（图113、图114）。

◆要领

与“第九势　右单鞭”中的 “（四）扑面掌”要领相同。

图113

图114

第十六势　右下势

动作：右脚跟向后蹬，接着右脚尖外撇45°，踏实；随后重心移于右腿，右腿屈膝下蹲，成左仆步。同时，腰右转，左掌随移重心臂外旋随屈肘弧形向回收经胸前下落，由左腿内侧向前穿，掌心向右，指尖朝前；右手不变；眼神顾及左掌向前平视（图115、图116）。

图115

图116

◆**要领**

与“第十势　左下势”要领相同。

第十七势　左金鸡独立

动作一：重心移于左腿，左脚尖外撇45°，弓左腿，蹬右腿，成左弓步。同时，腰左转，左掌随转腰随弧形向上穿，掌心向右，指尖朝前，高与胸平；右手同时也随转腰由吊手变掌弧形下落，掌心向里，指尖朝下，高与胯齐。眼神顾及左掌向前平视（图117）。

动作二：重心全部移于左腿坐实；右腿提起，膝与胯平，脚尖自然下垂，成左独立步。同时，腰微左转，左掌随转腰臂内旋随弧形向左下侧按，掌心向下，指尖朝前，高与胯齐；右手同时也随转腰随屈肘弧形向上穿，掌心向左，指尖朝上，高与耳平。眼神顾及右掌向前平视（图118、图119）。

◆**要领**

与“第十一势　右金鸡独立”要领相同。

图117

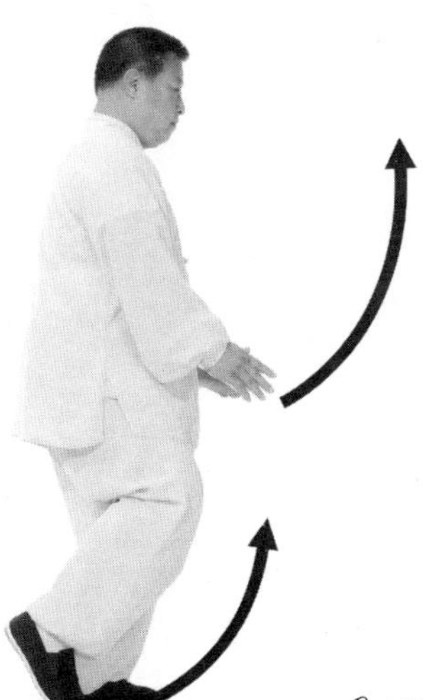

图118

图119

第十八势　高探马

动作一：重心不变，腰微右转，右脚向后撤半步，先以脚尖着地，随着重心后移使全脚踏实；左脚随移重心随提起，成右独立步。左手随转腰臂外旋随向上托，掌心向上，指尖朝右前方，高与胸平；右手同时也随转腰臂内旋随弧形下落，掌心向下，指尖朝左前方，高与胸平。眼神顾及两掌向前平视（图120、图121）。

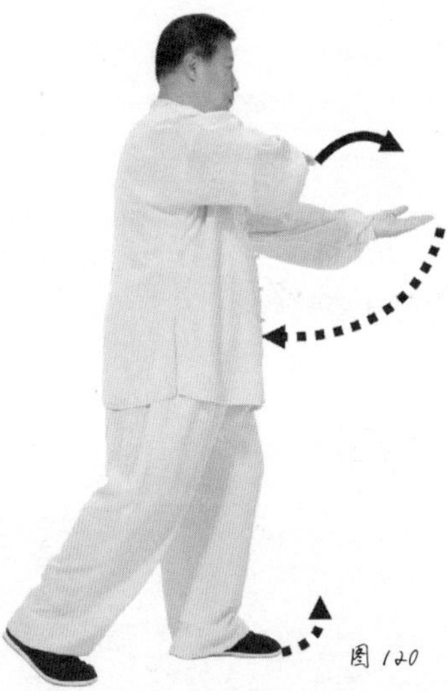

图120

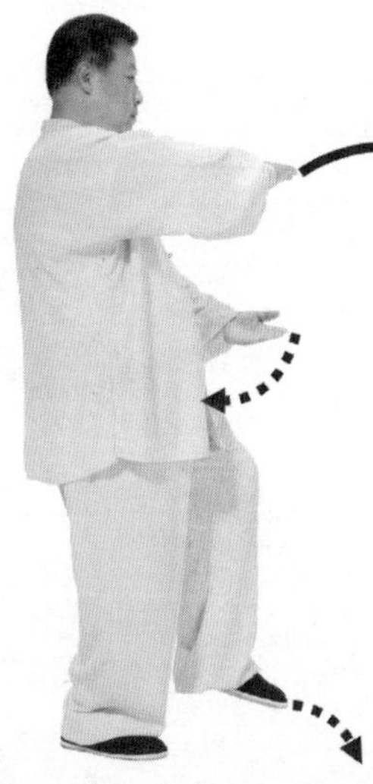

图121

动作二：重心不变，腰微左转，左脚落于原处，以脚尖着地。左手随转腰随弧形向回收，掌心向上，指尖朝右，高与腹齐；右手同时也随转腰随向前探出，掌心向下，指尖朝前，高与肩平。眼神顾及右掌向前平视（图122）。

◆**要领**

右掌前探时，注意松肩松肘，掌高不过顶；左掌向回带时。沉腕，肘不夹肋，两臂呈弧形，气势腾然饱满。

图122

第十九势　左右分脚

“左右分脚”是由“右分脚”“左分脚”两个动作组成的。

（一）右分脚

动作一：重心全部移于右腿坐实；腰由左向右转，左脚提起，脚尖自然下垂。右手随转腰随向右弧形往里抹转，掌心向下，指尖朝左，高与胸平；左手同时也随转腰随向左弧形抹转，掌心向上，指尖朝右，高与胸平。眼神顾及右掌向前平视（图123）。

动作二：重心不变，腰微左转，左脚向左前方（东北方向）迈出；先以脚跟着地，随着重心前移使全脚踏实，弓左腿，蹬右腿，成左弓步。左掌随转腰随微向回收，掌心朝上，指尖向右，高与腹齐；右掌同时也随转腰随向前探出，掌心向下，指尖朝前，高与胸平。眼神顾及右掌向前平视（图124、图125）。

动作三：重心移于左腿，成左弓步；同时腰右转。左掌随转腰随弧形向右平抄，掌心朝上，指尖向右，高与胸齐；右掌同时也随转腰随向右弧形平抹，掌心向内，指尖朝左，

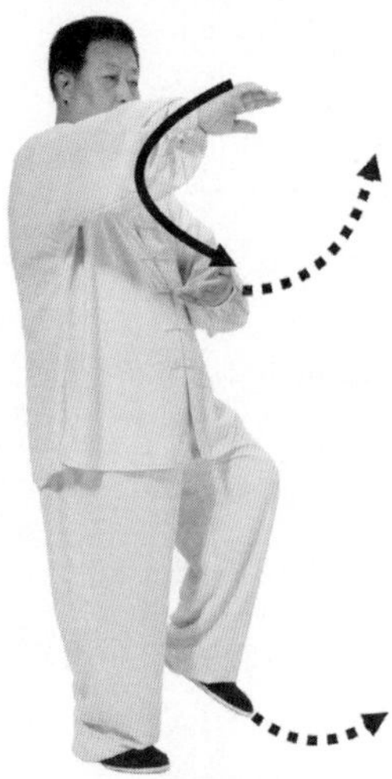

图123

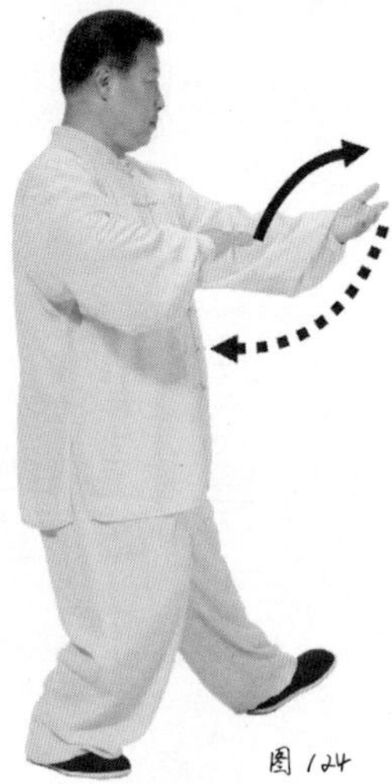

图124

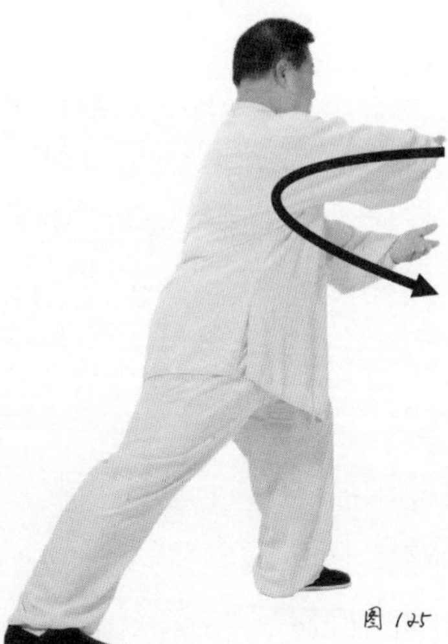

图125

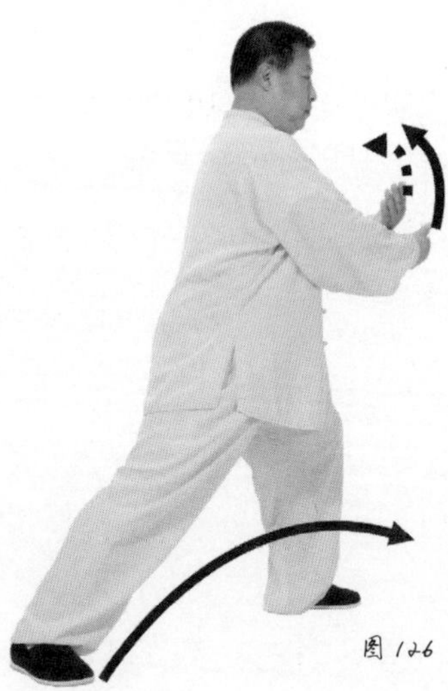

图126

高与胸平。眼神顾及右掌向前平视（图126）。

动作四：重心全部移于左腿坐实；右脚提起，脚尖自然下垂，成左独立步。同时腰左转，左手随转腰臂内旋随微向上抄，掌心向内，指尖朝右上侧，高与胸平；右手同时也随转腰臂外旋随弧形抄于左手外侧，使两腕交叉贴于一起，掌心向内，指尖朝左上侧，高与胸平。眼神顾及两掌向前平视（图127）。

动作五：重心不变，仍为左独立步；腰微右转，右脚提起向右前方（东南方向）踢出，脚面自然绷直，脚尖朝前，高与胯齐。两掌同时随转腰臂内旋经面前由上弧形向左右两侧分开，掌心向前，指尖各朝左右，高与肩平。眼神顾及右掌向前平视（图128）。

图127

图128

◆要领

左右分脚的动作体现出了杨式太极拳虚腿拳架的“荡劲”，杨式太极拳虚腿拳架的特点之一就是习练“荡劲”。但在重心左右移动时，要注意保持“周身一家”，不能出现“前俯后仰”的现象。“荡劲”用不好，就会出现姿势散乱或姿势呆滞，甚至出现膝关节疼痛等弊端，所以一定要按照各动作要求去做。

分脚时，两手和两脚要同时左右分开，做到上下相随，手到脚到，周身一家。分手时，右手要和右脚的方向一致。同时，两臂不可伸得太直，要微屈肘，使前臂稍向身体前方弯曲，肘部略沉，低于腕部。

（二）左分脚

动作一：重心不变，腰微右转，右脚下落，脚尖自然下垂，右膝与胯平；左腿微下蹲。左掌随转腰臂内旋随屈肘弧形向右抹，掌心向下，指尖朝右，高与胸平；右掌同时也随转腰臂外旋随屈肘弧形向回收，掌心向里，指尖朝左，高与胸平。眼神顾及两掌向前平视（图129）。

动作二：与“（一）右分脚”动作二相同，唯左右方向相反（图130、图131）。

动作三：与“（一）右分脚”动作三相同，唯左右方向相反（图132）。

动作四：与“（一）右分脚”动作四相同，唯左右方向相反（图133）。

动作五：与“（一）右分脚”动作五相同，唯左右方向相反（图134）。

图 129

图 130

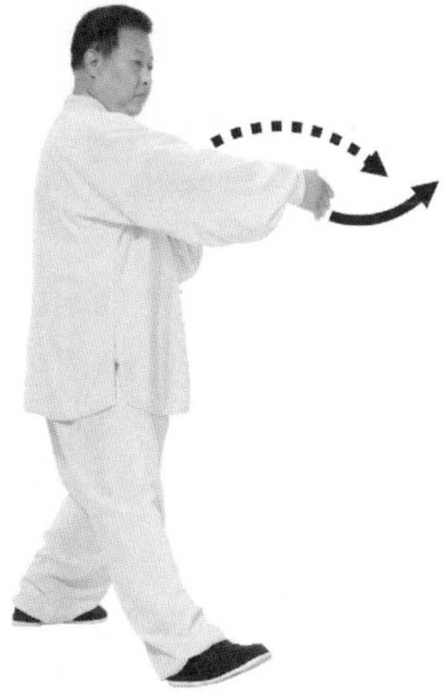
图 131

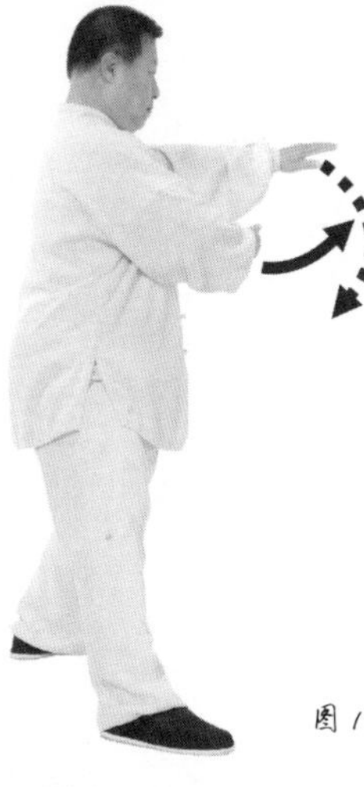
图 132

图 133

图 134

◆**要领**

与“（一）右分脚”要领相同。

第二十势　转身蹬脚

动作一：左脚落于右脚跟后侧，脚尖点地；以右脚跟为轴，身体由左向后旋转180°。同时，两掌由左右两侧弧形由下向前抄于胸前，两腕相交，左掌在内，掌心向内，指尖朝右上方，高与胸齐；右掌在外，掌心向内，指尖朝左上方，高与胸齐。眼神顾及两掌向前平视（图135、图136）。

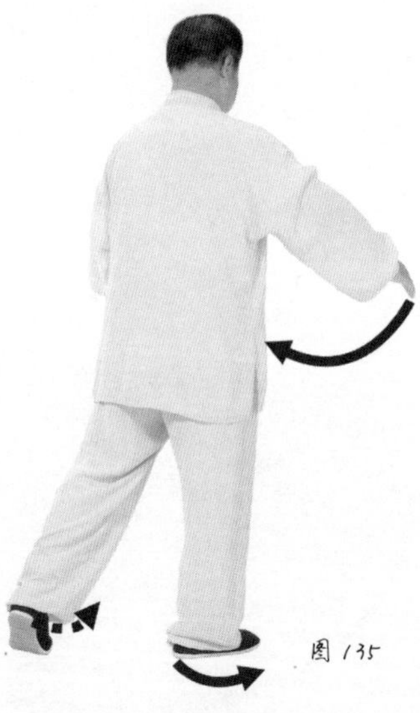

图135

图136

动作二：重心不变，腰微左转；两掌同时随转腰臂内旋随由面前向上弧形往左右两侧分，掌心向前，指尖各朝左

图137

图138

右，高与肩平。同时左脚以脚跟向左侧蹬出，脚心朝前，脚尖向上，高与胯齐；右腿随着左脚蹬出渐渐起立，右膝仍微屈。眼神顾及左掌、左脚向前平视（图137、图138）。

◆要领

凡蹬脚或分脚，要做到边提膝边出腿，蹬脚劲贯脚跟，分脚劲贯脚尖。两手在胸前合十时的要求是：出左腿，左手在外；出右腿，右手在外。两腕部不可松懈弯曲，仍要微斜向前掤出。

第二十一势　左右玉女穿梭

“左右玉女穿梭”是由“左玉女穿梭”“右玉女穿梭”两个动作组成的。

（一）左玉女穿梭

动作一：重心不变，腰微右转；左脚下落，脚尖自然下垂；右腿微下蹲。左手随转腰臂外旋随屈肘弧形收于胸前，掌心向上，指尖朝右，高与胸平；右掌同时也随转腰臂外旋随屈肘经胸前弧形落于右腰旁，掌心向上，指尖朝前，高与腰齐。眼神顾及左掌向前平视（图139）。

图139

动作二：重心不变，腰左转；左脚向左前方（西南方）迈出，先以脚跟着地，随着重心前移使全脚踏实，弓左腿，蹬右腿，成左弓步。左手随转腰臂内旋随向左上侧掤，掌心向前，指尖朝右，高略过于头；右手随转腰臂内旋随弧形向前按，掌心

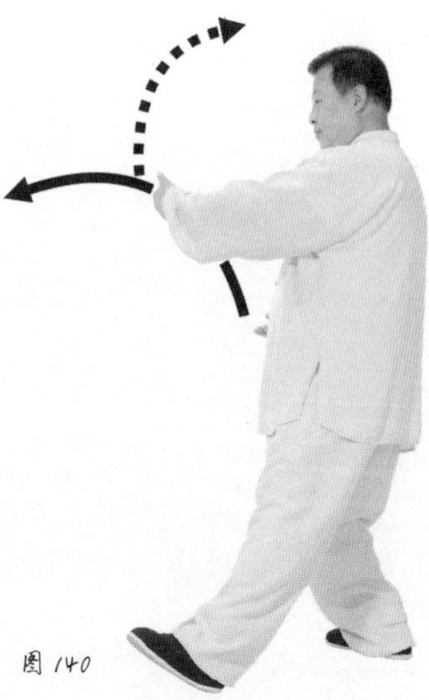

图140

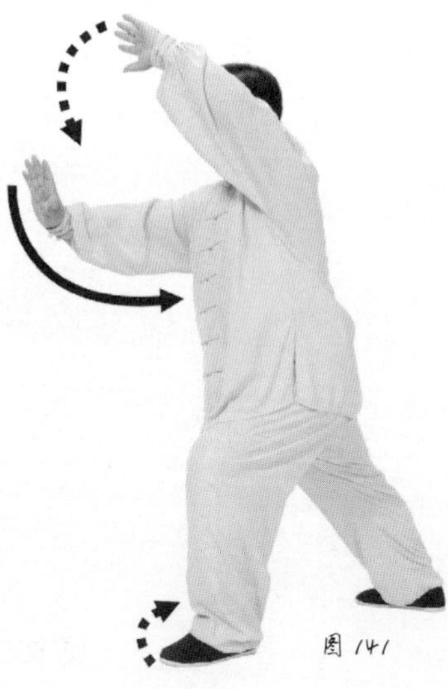

图141

向前，指尖朝上，高与胸平。眼神顾及右掌向前平视（图140、图141）。

◆要领

“玉女穿梭”动作含有掌、拳、指、肘、靠等技法。以“左穿梭”为例：左掌为“扑面掌”，右掌为“对心掌”，这个姿势为“掤架对心掌”；“穿梭”指的是肘，而不是指掌。“穿梭”是在做完“对心掌”后，以右手护左肘，左肘向外穿时的姿势为“穿梭”，单式称“穿心肘”。

（二）右玉女穿梭

动作一：重心移于右腿，腰右转；左脚随转腰使脚尖内扣45°。左手随转腰臂外旋弧形抽于左腰际，掌心向上，指尖朝前，高与腰齐；右手同时也随转腰臂外旋横掤于胸前，掌心向上，指尖朝左，高与胸平。眼神顾及右掌向前平视（图142）。

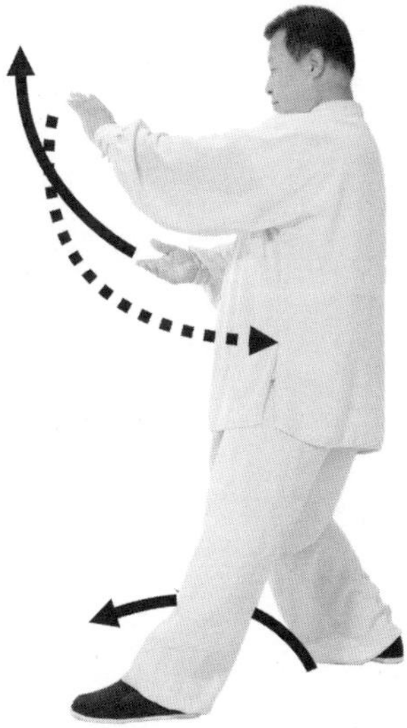

图142

动作二：重心不变，腰右转；右脚向右前方（西北方）迈出，先以脚跟着地，随着重心前移使全脚踏实，弓右腿，蹬左腿，成右弓步。右手随转腰臂内旋随向右上侧掤，掌心向前，指尖朝左上方，高略过于头；左手随转腰臂内旋随弧形向前按，掌心向前，指尖朝上，高与胸平。眼神顾及左掌向前平视（图143、图144）。

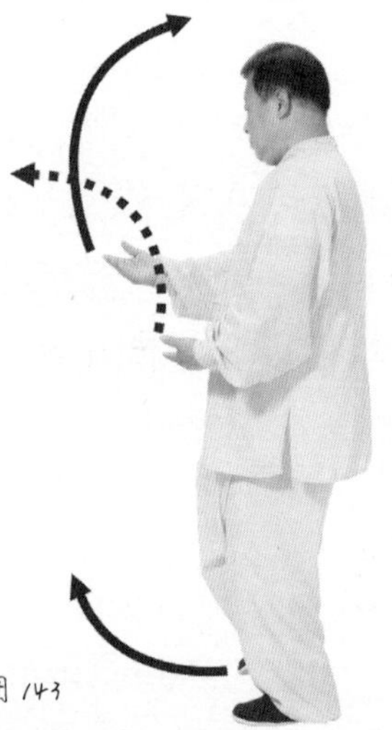

图143

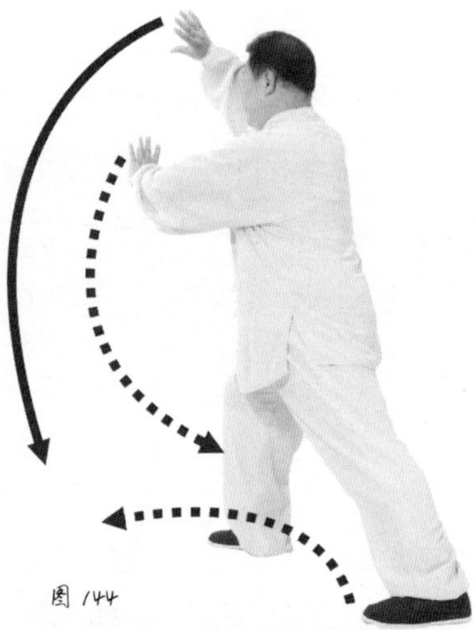

图144

◆要领

与“（一）左玉女穿梭”要领相同。

第二十二势　海底针

动作：重心不变，右腿微下蹲；同时左脚向前迈出，以脚尖着地，成左虚步；腰微左转的同时向前折腰。右掌随折腰随弧形由前向下插，掌心向左，指尖朝下；左掌同时也随折腰随弧形向左下侧按，掌心向下，指尖朝前。眼神顾及右掌略向前视（图145）。

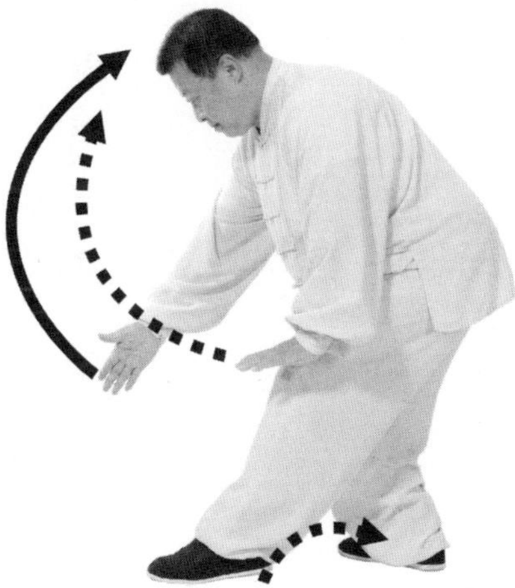

图145

◆**要领**

当折腰时头部仍需“虚领顶劲”，并且“脊腰保持成直线，避免低头弓背，使腹内松净沉气”。右手下插时，走弧形由前往下，而不是由内往下。同时，腰微左转，手随腰转动，以肩催肘，以肘催手；左脚尖虚点地面，膝微弓，重心仍在右腿，不可前移。整个动作要做到“动作柔和，内外协调，一动无有不动，劲路节节贯穿”的要求。

第二十三势　扇通背

动作一：重心全部移于右腿坐实，同时腰随右转随直起；左腿随直腰随上提，脚尖自然下垂。右臂随直腰臂内旋随向前抬起，掌心向左下方，指尖朝前，高与肩平；左手同时也随直腰臂外旋弧形向前抄起，掌心向右，指尖朝上，高与胸平。眼神顾及右掌向前平视（图146）。

图 146

动作二：重心不变，腰右转，左脚向前

图 147

图 148

迈出，先以脚跟着地，随着重心前移使全脚踏实，弓左腿，蹬右腿，成左弓步。右手随转腰臂内旋随向右上侧托，掌心向外，指尖朝上，高与额齐；左掌同时也随转腰臂内旋随向前按，掌心向前，指尖朝上，高与肩平；眼神顾及左掌向前平视（图147、图148）。

◆要领

做“扇通背”的动作时要符合“劲以曲蓄而有余”的要求，切忌挺胸、直臂。所谓“劲以曲蓄而有余”，就是要使动作还有伸展的余地，因此做太极拳的任何动作时手臂与两腿都不能伸直或挺直，更不能弯曲得太过。弧形要圆满，处处要有能“八面支撑”的意思。

第二十四势　转身撇身捶

动作一：重心移于右腿，腰右转90°；左脚尖随转腰随内扣90°。右手随转腰臂外旋随由掌变拳弧形由上向下压，拳心向下，拳眼朝内，高与腹齐；左掌同时也随转腰随弧形向上抄，掌心向前，指尖朝右，高略过于额。眼神顾及两手向前平视（图149）。

动作二：重心全部移于左腿坐实，腰右转90°；同时右脚提起，脚尖自然下垂。右拳随转腰臂外旋随弧形向上抬，拳心向内，拳眼向上，高与胸平；左掌同时也随转腰臂外旋弧形向下按，掌心向下，指尖朝右，高与胸平。眼神顾及两手向前平视（图150、图151）。

动作三：重心不变，腰微右转；右脚向前迈出，先以脚

图 149

图 150

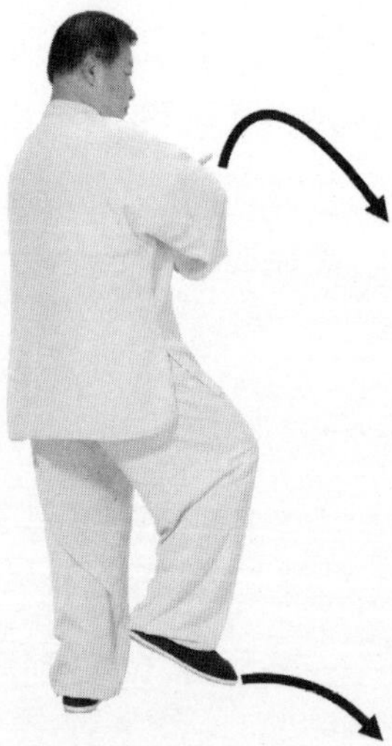

图 151

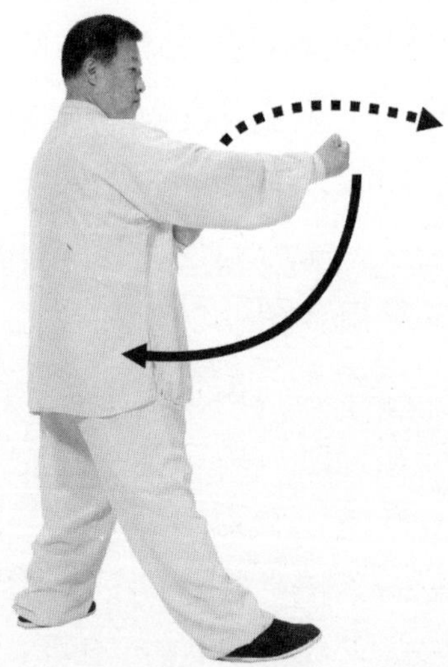

图 152

跟着地，脚尖微翘，成右虚步。右拳随转腰臂外旋随向前撇出，拳心向上，拳眼朝右，高与胸平；左掌同时也随转腰随向下按，掌心向下，指尖朝前，高与腹齐。眼神顾及右拳向前平视（图152）。

动作四：重心移于右腿，随着重心前移使右脚踏实，弓右腿，蹬左腿，成右弓步。同时腰右转，右拳随转腰随弧形向回抽，拳心向上，拳眼朝右，高与腰齐；左掌同时也随转腰向前按出，掌心向前，指尖朝上，高与肩平。眼神顾及左掌向前平视（图153）。

图153

◆要领

“转身撇身捶”整个动作的手、眼、身、步要处处协调、顺遂，环环相扣，不可有停顿断劲之处。

第二十五势　进步搬拦捶

“进步搬拦捶”是由“射雁势”“搬”“拦”“捶”四个动作组成的。

（一）射雁势

动作：重心移于左腿，弓左腿，蹬右腿，成右虚步，同时，腰左转，左手随转腰臂外旋随弧形抽于腹前，掌心向上，指尖朝前，高与腰平；右拳同时也随转腰臂内旋随弧形向前击出，拳心向下，拳眼向左，高与胸平。眼神顾及右拳向前平视（图154）。

（二）搬

动作一：重心不变，腰左转，左手随转腰臂外旋随弧形向下落，掌心向前，指尖向上，高与胯齐；右手同时也随转

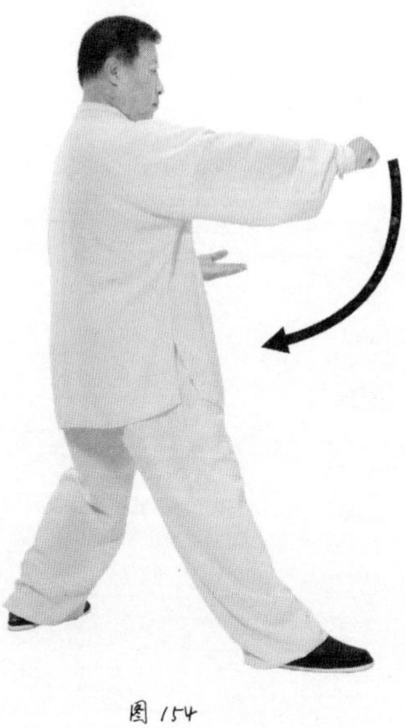

图154

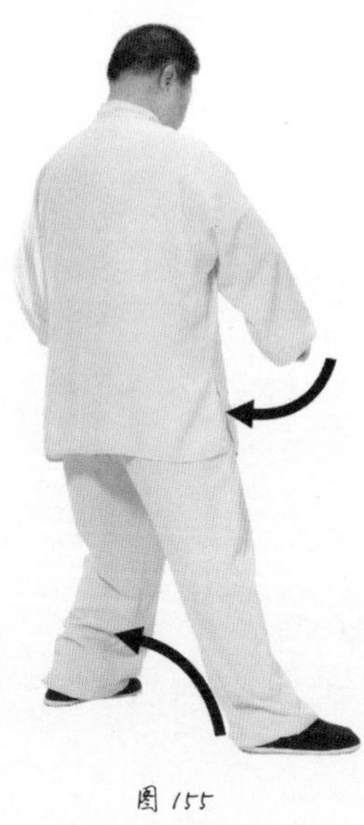

图155

腰随向回收，拳心向下，拳眼朝里，高与腹平。眼神顾及两手向前平视（图155）。

动作二：重心全部移于左腿坐实；右脚提起，脚尖自然下垂；同时腰微右转。左手随转腰臂内旋随由左侧向上抄，掌心向前，指尖朝上，高与耳齐；右拳同时随转腰弧形向下移动，拳心向下，拳眼朝内，高与小腹齐。眼神顾及右拳下移向前平视（图156）。

动作三：重心不变，腰微右转，同时右脚向前迈出，先以脚跟着地，脚尖微翘，成右虚步。右拳随转腰臂外旋随向前搬出，拳心向左，拳眼朝右上，高与胸平；左手同时也随转腰随向前推，掌心向右，指尖朝上，高与肩平。眼神顾及两手向前平视（图157）。

图156

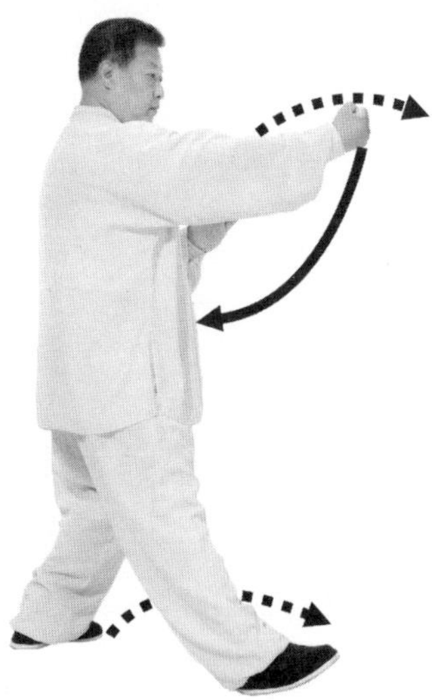

图157

（三）拦

动作：重心全部移于右腿坐实；同时腰微右转，左脚随转腰随向前迈出，先以脚跟着地，脚尖微翘，成左虚步。左掌随转腰随向前拦，掌心朝右前方，指尖向上，高与肩平；右拳同时也随转腰随弧形向回抽，拳心向上，拳眼朝右，高与腰平。眼神顾及左掌向前平视（图158、图159）。

图158

图159

（四）捶

动作：重心移于左腿，弓左腿，蹬右腿，成左弓步。同时腰微左转，左掌随转腰随屈臂微收，掌心向右，指尖朝上，高与肩平；右拳同时也随转腰臂内旋随弧形向前击出，拳心向左，拳眼向上，高与胸平。眼神顾及两手向前平视（图160）。

◆**要领**

“搬拦捶”是典型的一手出三手练法。在连续进步时，要求速度均匀，上下相随，身体正直，不可歪斜和俯仰。做“搬”上右脚时要比一般步型更开阔一些，并要避免上体随右脚上步而向右倾斜。

图160

第二十六势　如封似闭

“如封似闭”是由“如封”与“似闭”两个动作组成的。

（一）如封

动作一：重心移于右腿，腰微右转，左手随转腰随插入右臂下，同时左臂外旋沿右臂向前拨出，掌心向里，指尖朝右，高与胸平；右手同时也随转腰臂外旋由拳变掌随沉肩屈肘弧形向回抽，掌心向里，指尖朝左，高与肩平；两腕相交，右臂在上，左臂在下。眼神顾及两掌向前平视（图161、图162）。

动作二：重心移于右腿坐实，成左虚步；同时腰右转，两掌随转腰臂外旋随向左右两侧分开，左掌心朝右上方，右掌心朝左上方，两掌指尖均向前，高与胸平。眼神顾及两掌

图 161

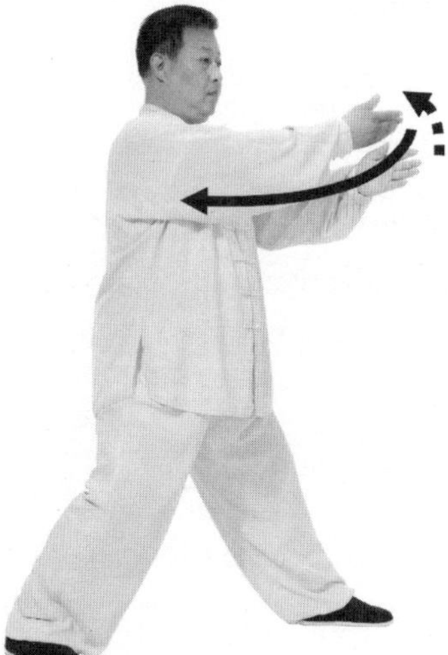

图 162

图 163

图 164

向前平视（图163）。

动作三：重心不变，腰左转；两掌随转腰臂内旋随向内合，左掌心朝右前方，右掌心朝左前方，两掌心左右相对如抱球状，两掌指尖均向上，高与胸平，两掌距离稍窄于肩；眼神顾及两掌向前平视（图164）。

（二）似闭

动作：重心移于左腿，弓左腿，蹬右腿，成左弓步；同时腰微左转，两掌同时随转腰臂内旋随弧形向前按出，掌心向前，指尖朝上，掌跟高与肩平。眼神顾及两掌向前平视（图165）。

◆要领

“如封”，身体重心向后移时，两胯与两肩要同时向后抽，保持身体的中正安舒，随着两手的左右分开，要“松肩坠肘”；同时，两掌略沉，两肘略分，微含掤劲，两肘后撤时不可夹肋自缚其身。身体要注意不可故意向左或向右旋转，要使身体保持朝正前方。

“似闭”，身体重心前移时，两掌同时按出，裆劲注意走后弧，两掌随之画弧向前，但在外形上要做得含蓄。凡此皆是意而不在外。

图165

第二十七势　十字手

动作一：重心移于右腿，左腿蹬，右腿弓，成右侧马步；同时腰右转90°，左脚尖随转腰随内扣90°。两手同时随转腰随松腕使两掌放平，两肘同时弯曲向左右分开，臂内旋带动两掌向上掤于额前（距额部约本人两掌）；两臂呈环形，两掌心向前，两指尖相对，高略过于额，两掌距离窄于肩。眼平视（图166）。

图166

动作二：重心移于左腿，右腿蹬，左腿弓，成左侧马步；同时两肘继续带动两掌向左右两侧分开，两掌心朝前，指尖各向左右，高与肩平；眼平视（图167）。

图167

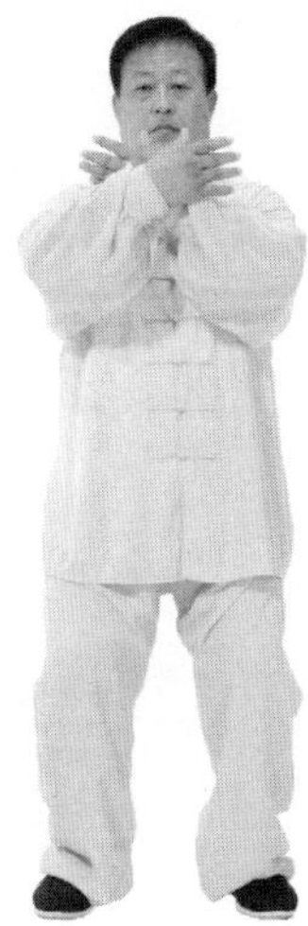

图168

动作三：重心全部移于左腿坐实；右腿向回收半步，先以脚尖着地，随着重心右移使全脚踏实，两腿渐渐立起，两膝微屈，成开立步。两掌随移重心臂外旋分别自左右两侧由下而上经腹前弧形交叉合抱于胸前，两掌心向内，左指尖朝右上侧，右指尖朝左上侧，高与胸平；眼神顾及两掌向前平视（图168）。

◆要领

“十字手”定势时两肩肘务必要松沉，不可耸肩亮肘。整个“十字手”双臂的运动，要做得松净圆活，不僵不硬，饱满柔韧。当两手合十上举时，有微前掤之意。

第二十八势　收势

动作一：两腿立起；同时两臂随向前伸臂内旋随向左右分开，两掌心向下，指尖朝前，高与肩平，两掌距离与肩同宽；眼神顾及两掌向前平视（图169、图170）。

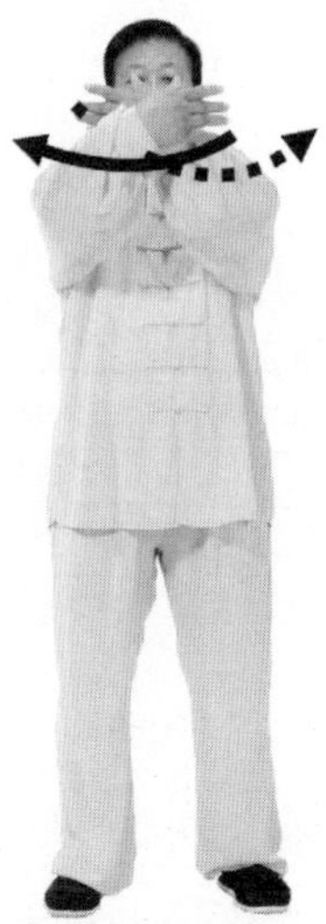

图169

图170

动作二：两掌随沉肩坠肘随保持掌心向下徐徐按于两胯旁，指尖朝前，随即松腕臂外旋使掌心贴于两胯，指尖自然下垂；眼平视（图171、图172）。

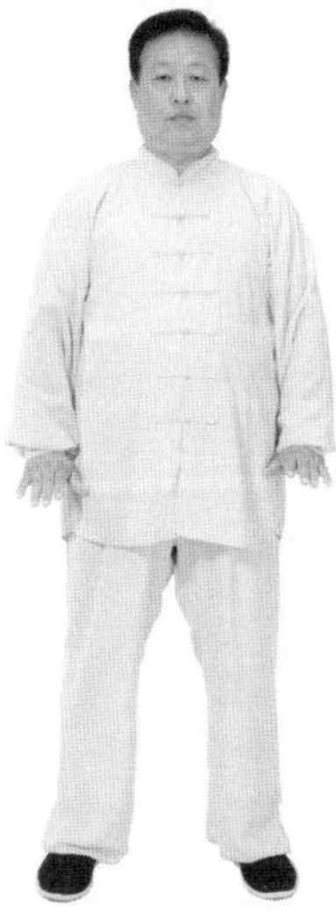

图171

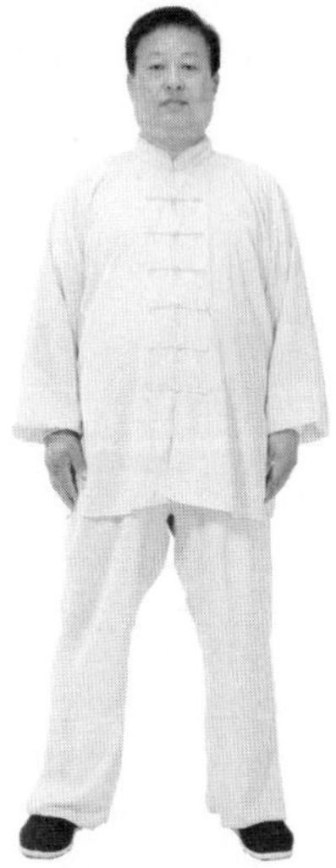

图172

◆要领

“收势”，又名“还原势”，亦称“合太极”。由动变静，徐徐收敛心意气息，最后眼神也要自然收敛。